결 혼 생 활

,

나 만
힘 들 어 ?

세움북스는 기독교 가치관으로 교회와 성도를 건강하게 세우는 바른 책을 만들어 갑니다.

결혼 생활, 나만 힘들어?

10년 차 목회자 부부의 리얼 격동 스토리

초판 1쇄 인쇄 2023년 5월 20일
초판 1쇄 발행 2023년 5월 25일

지은이 | 장산하♥이은미
펴낸이 | 강인구

펴낸곳 | 세움북스
등   록 | 제2014-000144호
주   소 | 서울시 종로구 대학로 19 한국기독교회관 1010호
전   화 | 02-3144-3500
이메일 | cdgn@daum.net

디자인 | 참디자인

ISBN 979-11-91715-79-8 (03230)

시몽북스

장규원 · 이하미

10년 차 부부가 전하는
진짜 결혼 이야기

추천사

가정은 하나님의 은혜로 주어진 축복이지만 동시에 심한 풍랑 속에 빠질 때가 많습니다. 한마디로 영적 전쟁 한복판에 있는 것과 같습니다. 가정에서 가장 힘든 것은 예측하기 힘들고 계획대로 살아지지 않는다는 것입니다. 배우자에 대해서도 속속들이 알 수 없고 자녀도 짜놓은 계획대로 양육할 수 없습니다.

가정에서 우리는 상처받고 또 다른 가족에게 상처를 주기도 합니다. 가정은 우리의 영적 실상이 적나라하게 드러나는 두려운 곳이기도 합니다. 그래서 가정의 행복을 위하여 더욱 예수님과 동행해야 합니다. 아무리 울고 불며 소리쳐 기도할지라도 예수님과 친밀히 동행하지 못하면 예수님께서 가정을 행복하게 만드실 수 없습니다.

《결혼 생활, 나만 힘들어?》에서 장산하 목사님과 이은미 사모님은 가정에서 어떻게 예수님과 동행하며 아름다운 가정을 이루어가는지를 잘 보여주고 있습니다. 청장년들의 눈에 맞추어 가정의 다양한 분야에서 어떻게 예수님과 동행해야 하는지 탁월하게 정리한 책입니다.

저자는 가정이야말로 십자가의 은혜를 가장 정확하게 누리는 곳이며, 예수님과 동행하는 훈련을 하기에 너무나 좋은 환경이라는 것을 알려주고 있습니다. 부부가 둘 다 예수님과 친밀히 동행한다면 그 가정은 천국을 누리며 살 수 있을 것입니다.

장산하 목사님은 예수동행의 가치로 위드처치(With Church)를 개척하였고, 예수동행운동의 파트너스교회로도 함께하고 있습니다. 또 예수님과의 동행을 사모하는 가정을 이루고 계십니다.

이 책을 통하여 예수님과 친밀히 동행할 때 누리는 가정의 행복을 깨닫게 되시길 축복합니다.

유기성 목사
(선한목자교회 원로)

목차

프롤로그

저희 부부는 27살 어린 나이에 결혼을 했습니다. 제가 26살에 공원 전체를 빌려서 당시 여자 친구였던 아내에게 한쪽 무릎을 꿇고 이렇게 프로포즈했습니다.

> "열방을 향해, 한국 교회를 향해
> 예수님과 함께 죽고 예수님으로 살아요."

저는 결혼 생활이 마냥 행복할 줄만 알았습니다. 행복한 순간도 많이 있었지만 힘든 시간도 너무 많았습니다. 왜냐하면 결혼 생활은 제 자신의 모습을 바닥까지 직면하는 시간이었기 때문입니다. 그리고 결혼은 철저하게 복음을 더 깊이 깨닫는 시간이었습니다. 저희 가정에 정말 필요하신 분이 바로 예수님이셨습니다.

현대사회에서 우리가 접하는 가정의 모습은 어떠한가요? SNS

에서는 행복하고 아름다운 가정의 모습으로 좋은 곳을 다니며 좋은 것을 먹고 마시는 사진들만 올라옵니다. TV에서는 가정에 문제가 있다고 호소하는 부부들이 가득한 프로그램들이 많아집니다. 이러한 것들을 접하면서 우리의 결혼 생활은 어떠한가 하는 많은 의구심이 들었습니다. 게다가 저희 부부는 예수님을 믿는 그리스도인인데 그리스도인으로서 가정을 꾸려나가는 모습이 마땅히 어떠해야 하는지 그 해답을 잘 모르겠고, 앞에서 언급한 SNS와 TV매체의 그 중간에서 헤매고 있는 저희 모습을 발견했습니다.

우리의 가정은 어디에 있나요? 예수님이 말씀하시는 진정한 가정의 모습이란 어떤 것일까요? 이런 궁금증을 갖고 씨름하며 살아온 저희 부부의 삶을 통해 같이 울고 웃으며 그리스도인으로서 어떻게 가정의 모습을 꾸려나가야 하는지 고민해보면 좋을 것 같습니다.

저희 부부는 결혼 10년 차 부부입니다. 혹자는 말합니다. "결혼한 지 10년밖에 되지 않았는데 가정에 대한 책을 씁니까?" 맞습니다. 저희는 젊은 부부입니다. 결혼 생활을 30년, 40년 한 분들이 쓴 좋은 책들이 이미 많습니다. 하지만 올챙이가 올챙이의 어려움을 더 깊이 공감할 수 있고 함께 개구리가 되기 위해서 발버둥 치는 것처럼, 저희 부부는 고군분투하는 부부들의 마음을 공감할 수 있다고 생각합니다. 저희 부부가 모든 정답을 알았다는 것이 아니라 가정에 대한 정답을 찾아가는 그 길을 여러분과 함께 걸어가고 싶습니다.

이 책은 가정에 대한 6가지 파트로 나뉘어져 있습니다.

PART 1. 배우자 어떻게 해야 배우자가 변할 수 있을까?
PART 2. 부부 싸움 나와 너무나도 다른 내 반쪽
PART 3. 신앙 어떻게 성령 충만한 부부가 될 수 있을까?
PART 4. 성(性) 부부 관계가 선물이 될까?
PART 5. 육아 나도 좋은 부모가 될 수 있을까?
PART 6. 재정 복음적 부자가 되기를

결혼 생활을 하면서 저희에게는 한 가지 소원이 있습니다.

'우리 가정이 정말 행복했으면 좋겠다.'

여전히 미숙하고 부족한 부부이지만 저희가 예수님 안에서 어떻게 '행복'을 발견하고 찾아가는지에 대해 여러분들과 나누고 싶어 책을 쓰게 됐습니다. 이 책을 통해 "아, 우리 가정도 행복할 수 있구나!"라고 고백하게 되기를 축복합니다.

위드처치(With Church)
장산하 목사, 이은미 사모

PART 1
배우자

남편이 미워

아내의 이야기

코로나로 남편과 24시간 동안 함께 있는 시간이 계속되면서 다시 저를 돌아보았습니다. 결혼 후 남편과 이렇게 붙어있었던 적이 없습니다. 새벽 기도 다녀와서 힘들어 뻗어있는 남편을 뒤로하고 어린 아이들과 오전에 등원 전쟁을 치르는 동안, 제 온 신경은 누워있는 남편을 향해있었습니다. 신경이라기보다 온갖 부정적인 감정과 원망이 들었습니다. 사역자의 아내로 살면서 사역에 피해를 주지 않아야 한다는 생각에 남편과의 갈등을 일으키는 것이 싫었습니다. 그래서 하고 싶은 말들을 꾹꾹 마음에 담아 놓고 사는 게 편했습니다. 하지만 말만 삼키면 뭐할까요. 이미 저는 얼굴과 행동으로 불편한 감정을 팍팍 드러내고 있었습니다. 남편은 영문도 모른 채 그런 제 눈치를 보고 답답해했습니다.

저는 이 복잡한 마음을 남편에게 표현하는 게 어려웠습니다. 같이 있고 싶지 않았고 갈 곳도 없지만 집에 들어가고 싶지 않아서 아이들이 등원하고 나면 동네를 이리저리 방황하기도 했습니다. '남편이 원수가 될 수 있구나.' 하는 생각에 제 마음을 돌아봤을 때는 큰 죄책감이 저를 눌렀습니다. '어떻게 내 남편을 이렇게 생각할 수 있지? 이것이 주님 앞에 과연 올바른 마음인가? 이게 정상인가? 난 너무 악하다. 죄인이다. 어떻게 사람이 이럴 수 있지?'라는 생각으로 괴로웠습니다. 그렇다고 이런 얘기를 누구에게 털어놓을 수도 없었습니다. 시시콜콜 다른 사람에게 이야기하는 성격도 아니었고, 친정엄마에게 말하면 남편 보필 잘하라고 하시며 사역자 편에 서실 어머니가 예상이 되어 말도 꺼내지 못했습니다. 그러던 중 저와 비슷한 시기에 결혼하여 아이를 낳아 기르고 있는 친구에게 전화를 걸어 제 속상한 마음을 처음으로 토로했습니다.

"남편이 미워..."

이 말을 꺼내면서 저는 오열했습니다. 꾹꾹 담아놨던 감정이 폭발하는 순간이었습니다. 친구는 "다 그래, 정상이야. 나도 그래."라는 말을 했을 뿐인데, 저는 꺼이꺼이 울었습니다. 한번 흘러넘친 눈물은 쉬이 멈추지 않았습니다. 친구와의 대화로 제 감정은 어느 정도 해소되었지만 남편과의 관계는 여전히 풀어야 할 숙제였습니다. 그냥 그대로 있을 순 없었습니다.

어느 날 남편과 차를 타고 30분 정도 이동할 시간이 생겼을 때였습니다. "이번 주 동안 당신의 이런 행동 때문에 내가 서운한 감정이 들었어요."라고 평소 같으면 담아놨을 법한 이야기를 털어놓았습니다. 사실 서운한 이야기를 꺼내면 그 순간 보이는 남편의 힘든 표정이 싫어 얘기하지 않았습니다. 웬만하면 갈등은 피하고 싶었기 때문입니다. 하지만 남편은 힘들더라도 함께 얘기하면서 풀 수 있으니 쌓아두지 말고 얘기해달라고 제게 부탁했습니다. 남편은 제가 침묵하는 것보다 서운함을 이야기해 주는 것이 훨씬 좋다고 말해주었습니다. 그 순간 깨달았습니다. 남편을 배려한다고 입을 꾹 닫고 있었던 것이 더 큰 오해와 상처를 불러왔다는 것을 말입니다.

부부는 서로의 다름을 깊이 이해하고 맞춰가는 과정을 꼭 거쳐야 하겠다는 생각이 들었습니다. 무엇보다 대화를 지속하려는 의지가 중요한 것 같습니다. 각자의 감정을 잠시 내려놓고 서로를 배려하고 서로에게 도움이 되기 위한 고민을 하며 대화하는 것이 정말 꼭 필요합니다. 부부가 서로 화가 난 채로 잠들지 않았으면 좋겠습니다.

남편을 향해 뾰족한 마음이 들 때가 있었습니다. 같이 걷고 있는데도 남편에게는 한 마디도 건네지 않고 서로 대화 없는 시간이 길어지고 있던 차에 조카에게 연락이 왔습니다. 갑자기 마음이 풀어져 한없이 다정한 이모 모드로 통화를 마쳤고, 그 순간 이런 생각이 들었습니다.

'남편에게만 뾰족한 마음이었구나. 이 마음이 모든 사람에게 해당하는 게 아니라 정말 남편에게만 향해 있었구나. 아, 남편에게 먼저 손을 내밀어야겠다.'

그동안 제가 이런 일을 겪고 있을 때 남편은 제 뾰족한 마음이 풀어지기를 주님께 기도하고 있었다는 걸 나중에 알게 되었습니다. 만약 저희 부부가 화가 난 채로 잠들었다면 다음 날은 대화하기가 더욱 어려웠을 것입니다. 서로를 향한 뾰족한 마음을 품고 잠드는 것이 아니라 서로를 향한 마음이 풀어졌을 때 다시 배우자와 행복하고 기쁜 사랑의 관계로 잠들 수 있었습니다.

나는 쓰레기 남편입니다

남편의 이야기

어느 날 아내가 함께 차를 타고 이동하는 길에 제게 이야기를 했습니다. 권위주의로 가득 찬 저의 모습 때문에 숨이 막히고 답답하고 괴로웠다는 겁니다. 아내가 이 이야기를 꺼냈을 때 사실 굉장히 큰 충격을 받았습니다. 왜냐하면 저는 스스로 좋은 남편에 멋진 아빠라고 생각했기 때문입니다. 그러나 그것은 큰 착각이었습니다. 아내에게는 제가 마치 목을 조르듯 괴롭히는 남편이었습니다. 저의 실상을 마주했을 때 너무 고통스러웠습니다. 한순간에 저의 착각이 다 벗겨지며 완전히 벌거숭이가 된 느낌이었습니다.

제게는 시간에 대한 강박이 있습니다. 보통 남편이 직장 생활을 하면 자신만 시간을 잘 지키면 됩니다. 그러나 부교역자의 삶은 다릅니다. 부교역자의 사회생활은 목사와 사모, 자녀들까지도 모두 시간을 칼같이 지켜야 합니다. 이런 이야기도 들었습니다. "왜 사모님이 약속 시간에 늦어?" 물론 사모도 시간을 잘 지켜야 합니다. 하지만 아이들을 키우다 보면 갑작스럽게 화장실을 가거나, 늦어지는 상황들이 생깁니다. 하지만 저는 "왜 사모가 늦었냐?"라는 성도의 말을 아내에게 이야기하지 않았습니다. 아내가 덩달아 스트레스를 받지는 않을까 걱정이 되었기 때문입니다. 하지만 이후 저는 아내와 아이들에게 더욱 시간에 대한 압박을 주고 있는 제 모습을 발견하게 되었습니다.

또 한 번은 아내가 제게 누워있는 발바닥만 봐도 꼴 보기 싫다고 이야기를 했습니다. 저는 잠이 참 많습니다. 부교역자 시절에도 새벽 기도를 다녀와 피곤하여 잠깐 잠을 자려고 누우면, 아내가 혼자서 아이들을 다 등원시켰습니다. 저는 아내가 누워있는 제 발바닥만 봐도 싫은 마음을 잘 헤아려주지 못했습니다. 돌이켜보면 결혼 생활을 하면서 아내가 섭섭해하는 순간들이 참 많았는데, 왜 섭섭해하는지도 모르고 지내왔던 것입니다. 결혼 10년 차 정도 되면 아내를 더 잘 알거라 생각했지만 제 오산이었습니다. 10년이 되어도 모르는게 여전히 많은 부부인 것 같았습니다.

저는 중고등학생 때 '나는 절대 결혼하지 않을 거야.'라고 다짐했습니다. 왜냐하면 중고등학생 시절에 부모님께서 너무나 많이 싸우셨기 때문입니다. 두 분이 심하게 다투는 모습을 보면서 '아, 결혼은 불행한 것이구나.'라고 생각했었습니다. 그런데 청년이 되고 친구들의 이야기를 들어보니 대부분 중고등학생 때 부모님들이 심하게 싸우셨던 것을 알 수 있었습니다. 당시 40~50대의 부모님들은 사회에 치이고, 가정에 와서 지치고, 돈에 대한 스트레스와 살아가는 것이 녹록지 않으셨던 것 같습니다. 게다가 그 당시에는 어떻게 하면 부부가 서로 행복하게 살 수 있을지 도움을 주는 곳도 없었습니다.

결혼 생활이 행복해야 하는데 왜 이렇게 늘 부딪치고 고통스러운 걸까요? 저는 결혼 생활을 하면서 아내를 제 신앙의 기대에 부합하는 수준으로 만들기 위해서 압박을 했습니다. 제 안에는 저 자신도 모르게 아내가 저를 따라와줘야 한다는 권위주의적인 태도가 있었던 것 같습니다. 아내에게 좋은 사모가 되라고, 사모와 관련된 책들도 선물했습니다. 그러나 시간이 흐를수록 아내의 얼굴은 어두워졌습니다. 왜냐하면 제가 권위적인 남편이었기 때문입니다. 권위적인 남편과 같이 사는데 어떻게 행복할 수 있겠습니까?

어쩌면 아내의 신앙보다 제 신앙이 영적으로 더 우월하다고 생각했는지 모릅니다. 그래서 제 스스로 정해 놓은 높은 수준의 '의'(義)의 기준까지 아내를 끌어올리기 위해서 상대방을 채찍질한 것인지도 모르겠습니다. 배우자가 신앙적으로 좌절해 있을 때 격려하고 기도해주는 것이 아니라 "당신이 기도 안 해서 그래."라는 몹쓸 이야기를 했습니다. 저는 아내의 표면적인 행동만 고치려고 했지, 아내의 깊은 내면을 보지 못했습니다. 반면 저는 사람들 앞에서 신앙적으로 '좋은 이미지'를 지키려고 했습니다. 제 자신의 죄악과 연약함을 꽁꽁 숨겼습니다. 남들에게 좋은 신앙적 이미지를 보여줘야 했기 때문입니다. 저는 하나님을 높이는 것 같지만 은근히 제 자신의 신앙을 자랑하고 자기 의를 드러내며, 영적인 우월감을 갖고 있었습니다.

저는 스스로 '나는 그래도 꽤 신앙생활을 열심히 하고

있어. 하나님을 잘 믿고 있어.'라고 자부했습니다. 제 자신이 얼마나 철저하게 죄인인지를 깨닫지 못한 채 말입니다. 저의 약함을 인정하기 시작했을 때, 아내의 얼굴이 점점 밝아지기 시작했습니다. 아내는 저의 연약함에 대해 이야기 해주었고, 우리는 서로를 기다려주고 변화되기 시작했습니다. 아내의 얼굴도 점점 행복해지기 시작했습니다. 저의 약함을 인정하고 저에게는 아무 소망이 없음을 느꼈을 때, 저는 진정한 남편이신 예수님이 정말로 우리 가정에 필요하다는 것을 깨닫게 되었습니다. 저는 제 실상을 보면서 이렇게 기도했습니다.

"주님, 제게는 예수님이 필요합니다. 예수님이 없다면 저는 무정하며 권위적인 위선자일 뿐입니다. 예수님, 제 삶을 변화시켜 주십시오."

예수님은 저희 부부 안에 있는 문제를 어떻게 해결해 주셨을까요? 제가 가정 안에서 복음 앞에 섰을 때 가장 크게 깨달은 것 두 가지가 있습니다. 첫째는 제 자신이 생각했던 것보다 훨씬 더 큰 죄인이라는 것을 깨달았습니다. 빛 되신 예수님 앞에 섰을 때 죄악으로 가득 찬 자신의 모습을 보게 되었습니다.

'아, 나는 쓰레기구나....'

이것은 단순한 자기 비하가 아닙니다. 가정에서 남편으로도, 아빠로도, 정말 쓰레기 같은 죄인이라는 것이 깨달아졌습니다. 제가 생각했던 것 이상으로 저는 훨씬 더 쓰레기였습니다.

미쁘다 모든 사람이 받을 만한 이 말이여 그리스도 예수께서 죄인을 구원하시려고 세상에 임하셨다 하였도다 죄인 중에 내가 괴수니라_딤전 1:15

사도 바울은 빛 되신 예수님 앞에 섰을 때 자신이 죄인 중에서도 괴물이라는 것을 깨달았습니다. 저는 복음을 경험했을 때 제 자신이 생각하는 것보다 훨씬 더 큰 죄인이라는 것을 깨달았습니다. 그러나 제 자신이 바닥까지 죄인이라는 것을 깨달았을 때 하나님의 사랑이 하늘과 같이 높은 것을 깨닫게 되었습니다.

저는 결혼 후 전도사 시절에 음란물에 넘어진 적이 있습니다. 주님께서 제 마음에 계속 아내에게 죄를 고백하고 나누라는 부담을 주셨습니다. 너무 창피하지만 아내에게 고백했습니다. "여보, 내가 이런 죄를 지었어. 너무 미안해요. 그리고 내가 이 죄에서 승리하지 못한다면 나는 목회자의 길을 더 이상 갈 수 없을 것 같아요. 포기해야 할 것 같아요. 왜냐하면 설교하는 것과 삶으로 사는 것이 같지 않다면 나는 삯꾼이고 수많은 사람을 잘못된 길로 가게 할 거예요." 라고 이야기했습니다. 그런 고백을 들은 아내의 마음이 얼마나 무너졌겠습니까? 그런데 아내는 저를 안아주면서 "여보, 솔직하게 이야기해줘서 너무 고마워요. 당신을 용서하고 사랑해요. 같이 기도하면서 함께 이겨나가요."라고 말해주었습니다. 그날 저와 아내는 서로 부둥켜안고 펑펑 울면서 기도했습니다. 주님께서는 이런 바닥이었던 저를 파도와 같이 수천 번 수만 번을 용서해주시고, 또 씻어주시고 사랑하고 용납하셨습니다. 제가 얼마나 큰 죄인인지를 알았을 때, 그리고 제가 얼마나 큰 사랑을 받았는지 깨달았을 때 저희 부부 사이가 변화하는 시작점이 되었습니다.

어떻게 해야 배우자가 변할 수 있나요?

성경에서 배우기

제게 신앙을 상담하는 부부들이 있는데 그 부부들의 공통된 질문을 이겁니다.

"목사님, 어떻게 해야 제 배우자가 변화될 수 있을까요?"

먼저 복음으로 내가 먼저 철저하게 죄인인 것과 하나님의 사랑이 얼마나 놀랍게 큰지를 경험해야 합니다. 이것은 선명하고도 분명합니다. 배우자보다 내가 먼저 경험해야 합니다. 왜냐하면 나 자신이 권위주의로 가득 차 있는데, 어떻게 상대가 나를 보고 변화되겠습니까? 나 자신이 먼저 변하지 않으면 상대방은 절대로 변화되지 않습니다.

예수님 당시 사람들은 종교 지도자들과 바리새인들을 보면서 그 누구도 변하지 않았습니다. 오직 예수님을 보고, 사도들 안에 계신 예수님을 보고 변하기 시작한 것입니다. 그러므로 내가 먼저 복음을 통해 날마다 깨져야 합니다. 동시에 내 안에 오신 그리스도와 어떻게 24시간 가장 친밀하게 삶으로 동행할까 고민하고 정답을 찾아가야 합니다. 그때 배우자가 내 안에 계신 그리스도를 보고 변하게 됩니다.

저는 제 자신이 철저히 바닥까지 죄인이라는 것을 깨달았습니다. 그리고 이런 나를 용납하시고 사랑하시는 하나님의 크신 사랑을 깨달았습니다. 그리고 내 안에 오신, 가장 더럽고 악취가 나는 마음 안에 오신 예수님과 24시간 친밀하게 동행하는 삶을 살아갈 때, 아내의 얼굴이 변하기 시작했습니다. 아내의 얼굴이 환해졌습니다. 어느 날 아내가 "여보, 나 행복해요. 당신이 예수님과 동행하는 남편이어서 참 좋아요."라고 이야기하는데 저는 정말 눈물이 터져 나왔습니다. 그리고 아내가 조금씩 변하기 시작했습니다.

어떻게 배우자가 변화될 수 있습니까? 내가 먼저 복음으로 변화되어야 합니다. 말로만 아니라, 설교만 듣는 게 아니라 예수님과 정말 동행하며 내 자신이 먼저 변할 때 배우자가 변하기 시작합니다.

〈오은영 리포트 – 결혼 지옥〉이라는 프로그램이 있습니다. 그 프로그램을 보면 생각보다 훨씬 많은 부부들이 고통 속에서 살아갑니다. 처음에 한쪽 배우자의 이야기를 들어보면 상대방에게만 문제가 있는 것 같지만, 결국 양쪽 이야기를 다 들으면 부부 둘 다에게 문제가 있습니다. 그러나 스스로의 문제점을 전혀 보지 못합니다. 오히려 상대방의 문제만 보이기 때문에 부부의 갈등이 심한 경우가 대부분입니다.

한 에피소드에서는 욕하는 아내가 나옵니다. 부부는 서울에 살다가 아내의 고향으로 내려와서 집과 미용실을 직접 지어서 새롭게 시작하게 됩니다. 그런데 아내가 손님들이 있는 앞에서 남편 욕을 합니다. 말 그대로 쌍욕을 합니다. 프로그램을 보면서 '와, 저건 아내가 무조건 잘못했다.'라는 생각이 듭니다. 그런데 이야기를 들어보니 남편도 아내와 싸우다가 아이를 데리고 집을 나갔는데 그렇게 3년을 별거하게 되었고 아내는 그때 자살까지 생각했다고 이야기합니다. 문제는 부부가 남에게는 굉장히 친절하게 대하는데, 정작 가장 가까이 있는 부부는 서로 원수가 되어 있었습니다. 교회 안에도 교회 목사님과 성도님들에게 친절하게 대하지만, 정작 가정에서 배우자와 자녀들에게는 분노하고 화내는 경우들이 있습니다. 그래서 가정에서는 행복하지 않은 것입니다.

그렇다면 성경은 우리가 가정에서 어떻게 살아야 한다고 말하고 있을까요?

내가 그리스도와 함께 십자가에 못 박혔나니 그런즉 이제는 내가 사는 것이 아니요 오직 내 안에 그리스도께서 사시는 것이라 이제 내가 육체 가운데 사는 것은 나를 사랑하사 나를 위하여 자기 자신을 버리신 하나님의 아들을 믿는 믿음 안에서 사는 것이라_갈 2:20

여기서 "내가 그리스도와 함께 십자가에 못 박혔다."라는 말씀은 현재 완료형 시제입니다. 즉, 과거에 일어난 일이 현재까지 계속됨을 보여주는 것입니다. 예수를 믿는 순간, '이미' 죽은 상태라는 것입니다. 이것을 쉽게 표현하면 이전에는 내 자아가 주인이 되는 삶, 완전한 자기중심적인 삶을 살았는데 예수를 믿는 순간 나의 주인이 내가 아니라, 내 삶의 진정한 주인이 예수님이 되셨다는 뜻입니다. 이것이 내가 그리스도와 함께 십자가에서 '이미' 죽었다는 뜻입니다.

저희 부모님도 제가 초등학교와 중학교에 다닐 때 정말 많이 싸우셨습니다. 서로 원수가 되어서 정말 죽도록 싸우셨습니다. 그런데 제가 중2 때 어머니가 암에 걸리셨습니다. 그때 어머니는 "나는 치료하지 않고 이대로 죽겠다."라고 하셨습니다. 아버지는 계속 치료를 받자고 했지만 어머니는 이 땅에 미련이 없다고 그냥 그대로 가겠다고 하셨습니다. 그런데 어머니 친구분의 "네가 치료를 안 받으면 결국 네 남편이 가장 힘들 거야."라는 말에 수술을 하시고, 항암치료를 받기 시작하셨습니다. 어머니는 '나는 죽었다.'라고 생각하신 것입니다. 그때부터 부모님 사이가 달라졌습니다. 부모님 사이가 정말 행복해지기 시작했습니다.

두 남녀가 '자기중심성'으로만 살면서 서로의 단점만 보며 죽도록 미워했는데, 죽었다고 생각하니깐 이제 서로가 너무 소중해지는 겁니다. 어머니가 자신을 '완전히 죽었다.'라고 생각하셨던 시점부터 저희 가정은 정말 많이 행복해지기 시작했습니다. 이것이 바로 '나는 죽고, 예수님이 진짜 주인 되는 삶'입니다. 부부가 이렇게 자기중심성은 죽고 예수로 살아갈 때 가정이 정말 행복해지는 겁니다. 그런데 누군가 제게 이렇게 질문할 수 있습니다.

"목사님, 이미 죽었다고 하는데 좋습니다. 우리의 주인도 예수님으로 바뀌고, 이미 죽었음을 믿습니다. 그런데 우리 안에 여전히 죄성이 남아있지 않습니까?"

맞습니다. 우리의 주인이 이미 예수님으로 바뀌었지만, 우리가 이 땅에 사는 이상 여전히 우리 안에 죄성이 있습니다. 죄를 짓고 싶은 욕망이 우리 속에서 꿈틀댑니다.

저와 같은 30대 젊은 목사님이 작은 교회에 청빙을 받아서 담임 목회를 하게 됐습니다. 이 목사님은 굉장히 성실하고, 계획성 있고, 일도 잘하고, 열심이 있는 분이었습니다. 그런데 담임 목회를 하다 보니까 새벽 예배 5번, 수요 예배와 금요 기도회, 주일 오전과 오후 설교까지 일주일에 설교를 10번씩 하는 겁니다. 성실한 목사님이기에 모든 에너지를 설교 준비하는 것에 몰두하기 시작했습니다. 그러다 보니 손님이 와도 시간이 너무 아깝게 느껴지고, 아내가 "여보, 우리 이야기 좀 해요."라고 해도 '설교 준비해야 해….'라고 하면서 피했습니다. 목회를 잘해보려고 그런 것이지만 정작 부부 사이에 갈등이 생기고 문제가 생기기 시작했습니다. 어느 날 이 목사님이 예수님을 묵상하는데, 예수님은 전혀 '분주함도 조급함'도 없다는 것을 깨달았습니다. 오히려 예수님은 '평안함' 그 자체였습니다. 이 목사님은 자기에게 뭔가 문제가 있음을 깨닫기 시작했습니다. 기도하면서 '하나님, 어떻게 하면 좋습니까?'라고 기도하자 주님이 '나만 바라보고, 내가 주는 마음으로 말씀을 전해라.'라는 마음을 주셨습니다. 그때 자신이 설교를 잘하고 싶은 것이 주님의 마음이 아니라 '욕심'이요 '자기중심성'이라는 것을 깨달았습니다. 우리 안에는 여전히 죄성이 가득하기 때문에 날마다 무너지고, 죄에 넘어지고, 가정에서 분노하고 화내며, 여전히 죽지 않은 자아로 인해 가정이 불행한 것입니다.

그렇다면 예수님은 우리 안에 있는 죄성, 자기중심성의 문제를 어떻게 해결해 주실까요?

내가 그리스도와 함께 십자가에 못 박혔나니 그런즉 이제는 내가 사
는 것이 아니요 오직 내 안에 그리스도께서 사시는 것이라 이제 내가
육체 가운데 사는 것은 나를 사랑하사 나를 위하여 자기 자신을 버리
신 하나님의 아들을 믿는 믿음 안에서 사는 것이라_갈 2:20

사도 바울은 그리스도께서 우리를 위해 십자가에서 자
신을 버리셨다고 말합니다. 그 십자가에서 우리의 모든 죄
를 짊어지고 죽으신 예수님이 지금 어디 계시다고 사도 바
울은 이야기합니까?

오직 내 안에 그리스도께서 사시는 것이라_갈 2:20

그래서 우리는 예수님을 믿는 순간 '이미' 죽은 겁니다.
즉, 우리의 주인이 나 자신에서 예수님으로 완전히 바뀐 것
입니다. 그렇지만 여전히 우리 안에 죄가 덕지덕지 붙어있
습니다. 사도 바울도 우리와 동일한 고민을 했습니다.

오호라 나는 곤고한 사람이로다 이 사망의 몸에서 누가 나를 건져내
랴_롬 7:24

즉, 우리 안에 여전히 죄가 남아있다는 겁니다. 그래

서 사도 바울은 "나는 날마다 죽노라."(고전 15:31b)라고 말합니다. 나는 이미 죽었고, 동시에 나는 날마다 죽는 겁니다. 사도 바울은 매일 죄가 나오지만 그때마다 자신의 죄를 쳐서 죽인 겁니다. 무슨 능력으로 그렇게 했습니까? 자신의 능력으로 한 겁니까? 아니요. 자신 안에 계신 그리스도로 매일 매일 죽는 겁니다. 자신 안에 계신 예수님으로 매일 매일 자신의 죄성을 죽인 겁니다. 즉, "나는 날마다 죽노라."라는 말씀은 "나는 날마다 예수로 사노라! 나는 매일 매일 예수님을 붙잡습니다!"라는 말씀입니다.

한번은 개척을 하고 노원에 살 때 아버지께 전화가 왔습니다. 양주에 작은아버님께서 혼자 사시는데 한번 다녀오라는 겁니다. 의정부에 살 때는 15분이면 가는 거리여서 자주 찾아뵈었는데, 노원으로 이사한 후에는 왕복 1시간이 걸려 부담이 되었습니다. 게다가 하필 그날 출판사에서도 원고를 수정해 달라는 연락이 왔습니다. 그래서 아버지께 일정이 있으니 이번 주나 다음 주 안에 찾아뵙겠다고 말씀을 드렸습니다. 그런데 아버지가 제 일정은 전혀 헤아려주지 않고 "그냥 지금 다녀와라!"라고 말씀하시니 순간 '욱' 하

어떻게 해야 배우자가 변할 수 있나요?

는 마음이 올라왔습니다. 하지만 마음을 가다듬고 "네." 하고 말씀드렸습니다. 양주로 가는 차 안에서 두 가지 마음이 들었습니다. 첫째는 제게 사랑이 없다는 겁니다. 만약 성도님이 와 달라는 요청을 하셨어도 제가 바쁘다고 핑계를 댔을까요? 둘째는 '부모님은 왜 나의 상황을 조금도 물어봐 주시지도, 이해해 주시지도 않는가?'라는 마음이었습니다. 개척을 하고 다시 제 연약함이 고개를 드는 것을 느꼈습니다. 그때 '예수님, 저는 주님과 함께 십자가에 이미 죽었습니다. 그리고 제 안에 정말 생명이신 예수님이 사십니다.'라는 고백을 드렸습니다. 그때 운전을 하며 깨달은 것이 있습니다. 하나님께서 요셉을 쓰시기 위해 요셉의 연약함을 다루시고 훈련하셨던 것처럼, 하나님께서 저를 쓰시기 위해 제 연약함을 지금 다루고 계심을 느꼈습니다.

　가정에서 부모는 모두 리더입니다. 하나님께서는 자신의 연약함을 다룬 사람을 반드시 사용하셔서 가정을 변하게 하고 복음화하며, 행복하게 하십니다. 요셉이 종으로 팔려갔을 때 자신의 연약함이 다루어지지 않았다면 절대로 하나님께 쓰임 받을 수 없었을 겁니다. 그러나 창세기 끝

부분을 보면 요셉의 교만했던 모습은 모두 사라지고, 끝까지 형들을 용서하고 섬기는 제자의 모습으로 변해 있었습니다.

우리 모두가 선교사입니다. 바로 '가정 선교사'입니다. 우리를 통해 자녀들이 예수님을 보게 되고, 부모님이 예수님을 보게 되고, 형제자매들이 예수님을 보게 됩니다. 우리의 '말'이 아니라, 우리의 변화된 '삶'을 통해 예수님을 믿게 됩니다. 가정에서 배우자에게, 자녀에게, 부모님에게, 형제자매에게 분노할 때가 있을 수 있습니다. 그때 분노할 것이 아니라 믿음으로 이렇게 고백하는 겁니다. "나는 죽었습니다. 내 안에 예수님이 사십니다!"

배우자가 미워 보일 때,
어떻게 마음을 다스려야 할까요?

~~~~~~~~~~~~~~~~~~~~~~~~~~~~~

~~~~~~~~~~~~~~~~~~~~~~~~~~~~~

~~~~~~~~~~~~~~~~~~~~~~~~~~~~~

내가 '먼저' 변화돼야 할 것이 무엇인지 적어보세요.

~~~~~~~~~~~~~~~~~~~~~~~~~~~~~

~~~~~~~~~~~~~~~~~~~~~~~~~~~~~

~~~~~~~~~~~~~~~~~~~~~~~~~~~~~

~~~~~~~~~~~~~~~~~~~~~~~~~~~~~

PART 2
부부 싸움

나와 너무나도 다른 내 반쪽

아내의 이야기

남편과 3년간 연애하면서도 맞춰 가는 게 쉽지 않았지만, 결혼하고 살아가면서 더 깊이 느끼는 것은 '이 사람은 정말 나와는 다른 사람이구나.' 하는 것입니다. 팀 켈러(Timothy Keller)의 《결혼에 대하여》라는 책에서 창세기 2:18 말씀을 인용하며 '돕는 배필'이란 '제대로 다른 사람'이라고 언급되어 있는데 정말 깊이 와 닿았습니다. 남편과 저는 생각도 말도 먹성도 바이오리듬까지 어쩜 그렇게 완벽히 다른지 신기할 정도입니다. 시간이 지나 주님이 정해주신 배우자라 그랬구나 하고 이해하게 되었고 지금도 역시 그런 시간을 통과하고 있습니다.

남편과 연애할 때, 저에게는 남편이 주는 신뢰가 참 중요했습니다. 남편에게 연락을 자주 하지 못하고, 많이 못 만나도 저의 사랑이 변함없음을 인정하고 기억해줬으면 좋겠는데 남편은 그렇지 않았습니다. 남편은 제가 연락도 자주하고, 계속해서 사랑을 표현해줘야 저의 사랑을 신뢰해주었습니다. 저는 같은 것을 여러 번 반복하는 것이 귀찮고 어려운 사람입니다. 그런데 남편을 통해 표현하는 법을 배우고 맞춰가는 법을 배웠습니다. 내 방식이 아닌, 남편이 사랑한다고 느끼는 방식으로 표현하는 것을 배우는 것이 내가 죽고 예수님으로 사는 사랑의 방식이었습니다.

저는 생각하고 정리하는 데 혼자만의 시간이 필요한 사람입니다. 남편은 그런 저를 기다리는 연습을 했습니다. 다른 것보다 집안일을 해줬을 때 큰 기쁨을 느끼는 저를 위해 본인도 하기 싫을 텐데, 설거지를 해주고 쓰레기를 버려줍니다. 저는 이타적으로 생각하는 사람입니다. 하지만 제 자신이 곧 가족이라는 생각에 가족은 저에게 이타적인 대상이 아니라 가족 외의 사람을 챙기는 것이 저에게는 더 중요했던 사람입니다. 어릴 때 늘 바빴던 부모님도 가족 모임보다는 일이나 교회가 우선이었는데, 저도 가족보다 손님으로 함께 있는 다른 사람을 먼저 챙기려고 하는 마음이 더 컸습니다. 하지만 남편과 여러 상황들을 맞춰 가면서 가족을 먼저 생각하는 것이 무엇인지, 가족과 함께하는 것이 무엇인지를 배웠습니다. 늘 가족이 우선순위가 되는 것을 배워가는 중입니다.

순간순간 돈 버는 일을 가족보다 우선으로 두면서 달려가는 저를 붙잡고 다시 가정을 먼저 생각할 수 있게 해준 것이 남편입니다. 나와 다른 남편이기 때문에 늘 새롭고 즐겁고 배울 점이 많습니다. 하지만 그 과정에서 부딪힘도 있고 그로 인한 어려움도 정말 많았습니다. 시부모님과 친정 부모님을 뵈면, 60세는 넘어야 부부가 부부다워지나 보다 싶으면서 언제쯤 서로를 정말로 알아갈까 싶을 때도 많습니다.

서로 생각하고 사랑해서 하는 행동도 그렇고, 배려한다고 하는 이야기들이 오히려 상대방에게 상처가 되고 마음을 어렵게 하는 경우가 있었습니다. 저는 남편의 필요를 보면 채워주고 싶은 마음이 컸습니다. 맨날 카드는 핸드폰 케이스에 넣고 다니고, 지갑도 없이 다니는 게 맘이 쓰여서 생일 선물로 지갑을 사준 적이 있습니다. 선물을 사주는 사람의 보람은 그 선물을 받은 사람의 반응이 아닐까요? 그런데 정작 남편은 지갑 없이 다니는 것이 하나도 불편하지 않았던 모양입니다. 제가 사준 지갑에 카드 한 장 달랑 들고 다니면서 그걸로도 만족하는 사람이었습니다. 오히려 그 지갑이 제가 이 정도는 갖춰야 한다고 매주는 것과 같은 그림이 되었습니다.

저는 예민할 때 스킨십하는 것을 좋아하지 않습니다. 남편은 계속 손을 잡기도 하고 안아주려고 하는데, 그렇게 하지 말라고 얘기하기까지 많은 고민이 있었습니다. 예민할 때는 건들지 말고 내버려두라고 말하기까지 나름의 용기가 필요했지만, 말하고 나니 이제는 제가 예민하다고 생각이 들 때면 남편은 저에게 아무런 행동을 하지 않고 그저 가만히 내버려둡니다. 기다려줍니다.

소소한 일들이지만 서로 다른 점들을 알아가고 인정하고 어떻게 맞춰가야 할지 고민하는 그런 과정을 계속해서 겪으면서 서로가 어떤 사람인지, 정말 서로에게 필요한 게 무엇인지, 서로가 원하는 것이 무엇인지 알게 되었습니다.

결혼 생활, 나만 힘들어?

하지만 아직도 더 알아가야 하는 게 많다는 생각이 듭니다. 다르기 때문에 부딪히고, 다르기 때문에 맞춰갈 수 있습니다.

저는 사랑표현을 참 못합니다. 그럼에도 저에게 늘 사랑표현을 해주는 남편을 향해 제가 하는 말이 있습니다. "참 하나님의 성품을 닮았어. 참 한결같아. 지치지도 않나봐." 저와 너무도 다른 남편을 보며 그저 나오는 말입니다. 어쩜 그리 동일하고 처음과 끝이 같은지. 그런 남편에게 저는 두 가지로 대답합니다. 로봇처럼 영혼 없이 "그렇구나."라고 하든지, 받아줄 마음이 되면 "나도 사랑해."라고 합니다. 영혼이 하나도 담겨있지 않은 제 표현에도 굴하지 않고 사랑표현을 하는 남편을 보면 어떨 때는 정말 신기하기도 합니다.

청년 때 예수님을 깊이 만나면서 나의 나 됨을 알아갔다고 생각했는데, 결혼을 통해 하나님께서 창조하신 제 모습과 동시에 이기적인 제 모습을 더 적나라하게 알게 되었습니다. 보여주고 싶지 않아도 보일 수밖에 없는 집 안에서의 제 모습과 숨길 수 없는 나, 혼자 있을 수 없는 나, 같이 있으면서도 외로운 나, 그렇게 거룩하지 않은 나, 가면을 쓴 나, 이기적인 나를 발견했습니다. 그리고 지극히 현실적인 저를 봅니다. 가정에서 제가 할 수 있는 역할과 남편에게 해줄 수 있는 저의 모습을 통해 또 주님이 나에게 허락하신 모습들을 발견하고 있습니다.

집안의 큰일을 결정하는 순간에는 판단력과 분별력이 좋은 남편을 의지합니다. 아이들의 크고 작은 일에는 서로 상의하되 저의 의견을 중요하게 생각해줍니다. 서로가 어떤 부분에서 더 지혜로운지 알고 묻고 상의하는 관계가 되니 서로 의지하는 부분이 많이 생겼습니다. 서로 의지하는 것, 이것이 저에게는 참 어려운 일이었습니다. 어릴 때부터 독립적으로 생각하고 결정하고 살아왔던 제가 가정을 이루면서 일상의 사소한 일들도 남편과 이야기하고 결정하게 됩니다.

그러면서 그 과정에서 주님께 한 번 더 물어보게 되었습니다. 그리고 이렇게 남편을 의지하는 제 모습을 주님이 기뻐하시는 것 같았습니다. 제가 가정을 이루고 변해가는 이러한 모습들을 원하셔서 결혼하게 하신 것 같은, 주님의 뜻을 깨닫는 시간입니다.

부부 관계에 대한 일련의 서적에서 이야기하는 내용이나, 5가지 사랑의 언어, MBTI 등등 모두 참고가 되고 서로를 알게 되는 도구가 되긴 했습니다. 실제 일상을 살아가는 부부에게 어떻게 적용해야 하고 어떤 상황에서 실천해야 하는지를 묻는다면 바로 그 핵심적인 방법은 '부부의 대화'입니다.

'부부의 대화'란 무엇일까요? 저의 결혼 생활을 돌이켜 보면, "밥 먹었어? 뭐 먹었어?"와 같은 일상적인 대화가 아닌 "나는 오늘 ○○○한 마음이었어. ○○○한 감정이 들더라."와 같은 내 마음을 이야기하는 것이 부부 사이의 진솔한 대화라고 생각합니다. 심리학에 따르면 사람의 감정은 모두 다 어떤 욕구에서 비롯된다고 합니다. 오늘 하루 느꼈던 감정과 그 이유들을 배우자와 나눠보세요. 서로 새롭게 느끼는 것들이 생길 겁니다.

어떻게 해야 부부가 잘 싸울 수 있을까?

남편의 이야기

아내와 연애하던 시절 낙엽이 많이 떨어진 가을에 공원 벤치에 앉아 대화하다가 싸움이 났습니다. 어떤 내용 때문에 싸웠는지 기억은 나지 않지만 서로 언성이 높아지면서 아내는 벤치에서 일어나서 자리를 떠나고 저는 벤치에 앉아서 멍하니 있었습니다. 저는 싸우면 바로 풀어야 하는 성격입니다. 왜냐하면 아내와 관계가 어려운 상태에서 하루가 지나면 그 24시간은 제게 너무나 큰 고통이기 때문입니다. 반대로 아내는 싸웠을 때 시간을 가져야 합니다. 아내는 생각하고 왜 싸웠는지, 어떤 것 때문에 마음이 상했는지 깊이 자신의 마음을 돌아봐야 하기 때문입니다. 그러나 저희는 서로를 이해했고 저는 아내가 생각하도록 기다리기로 했습니다. 덩그러니 벤치에 앉아있을 때 '바스락바스락' 낙엽 밟는 소리가 들려왔습니다. 아내였습니다. 아내도 제가 관계가 어려운 상태에서 시간이 지날수록 고통스러워하는 것을 알기에 다시 화해하기 위해서 돌아온 것입니다.

저희 부부는 비슷하면서도 정반대인 배필입니다. 하지만 제대로 달라야만 서로를 완벽하게 돕고 보완해 주는 것 같습니다. 아내는 자신이 경험하지 않은 것을 상상하기보다 현재에 집중하는 성향이 큽니다. 반면 저는 직관적이어서 미래에 초점을 두는 경우가 많습니다. 가령 교회를 개척해도 저는 10년, 20년 뒤를 생각하며 큰 숲을 봅니다. 그런데 아내는 당장 눈앞의 현실적인 필요들을 볼 수 있는 눈이 있습니다. 그렇기 때문에 서로 정반대이지만 완벽하게 서로를 돕고 보완해 줄 수 있다고 생각합니다. 서로의 다름이 서로에게 큰 도움을 주지만, 다름 때문에 부딪히기도 합니다.

저희 부부는 아이러니하게 이 책을 쓰면서 더 큰 갈등을 겪었습니다. 책을 둘이서 쓰다 보니 각자 시간이 많이 필요했는데, 그러다 보니 아이들과 놀아줄 시간이 줄어들었고 서로를 향한 마음도 좁아졌습니다. 아내는 남편인 제가 마음에 들지 않으면 속으로 쌓아두는 스타일입니다. 왜냐하면 아내가 제게 섭섭함을 이야기하면 저는 더 크게 반응하기 때문입니다.

저는 체력이 약해서 아이들을 돌보다가 금방 지칩니다. 힘들면 쉽게 TV를 보여주기도 합니다. 반면 아내는 아이들과 놀아주고 교육적인 것을 하려고 노력합니다. 그리고 저를 향해 넓은 마음으로 이해해주려고 합니다.

그러나 부부가 예수님과 친밀하지 못할 때면 서로를 향한 마음도 좁아집니다. 그래서 아내는 계속 저를 바라보며 마음에 들지 않는 부분을 마음에 담아두게 되고, 표정이 어두워집니다. 저는 계속 물어보지만 제게 이야기하면 제가 힘들어하니 계속 마음에 쌓아둡니다. 이렇게 쳇바퀴 돌듯 부부 사이는 더 안 좋아집니다.

한번은 겨울에 아이들이 다니는 유치원과 어린이집이 2주 동안 방학을 했습니다. '이번 방학은 잘 지내보리라!'라고 결심했지만, 저희 부부는 금방 지쳤습니다. 그리고 서로 서운한 마음과 섭섭한 마음이 쌓여 폭발하게 됐습니다. 저도 서러움에 폭발했고, 아내도 외로움에 눈물이 터졌습니다. 이럴 때는 어떻게 해야 부부가 잘 싸울 수 있을까요?

　하루는 아내와 제가 다툰 날이 있었습니다. 아내가 제게 작은 섭섭함에 대해서 이야기했는데 저는 너무 생각이 많은 성향이기에 그 말을 듣고 오히려 결혼 생활 10년이 송두리째 부정당하는 느낌이 들었습니다. 대화할수록 아내와 저는 섭섭한 마음만 더 커질 뿐이었습니다.

　저희 부부는 식탁에 앉아 서로 어려웠던 것을 솔직하게 이야기했습니다. 그때 저는 예수님을 옆에 모시려고 힘썼습니다. 또 이야기할 때 상처가 되는 말이 될 수 있으니 주님께 물었습니다. "주님, 이런 이야기를 솔직하게 해도 되나요?" 주님은 제게 "그만 말하라."라는 마음을 주셨습니다. 그리고 잠잠히 있었습니다. 아내도 울도 저도 울고 침묵의 시간이 흐르니 서로의 마음이 조금씩 풀렸습니다.

　그리고 제가 아내를 향해 "안아줘도 돼?"라고 물었습니다. 아내는 피식 웃었습니다. 저는 아내를 꼭 안아줬습니다. 아내는 제 품속에서 많이 흐느꼈습니다. 아내가 많이 외로웠고 힘들었다는 것이 느껴졌습니다. 혼자서 모든 짐을 다 지려고 했구나 싶어 아내를 향해 "함께 이겨나가자."

라고 말했습니다.

저희 부부는 아직도 어떻게 잘 싸워야 하는지를 다 알지 못합니다. 그러나 서로 솔직하게 이야기하되, 예수님께 계속 여쭈어보며 부부가 대화해야 하는 것 같습니다. 부부가 함께 예수님을 실제로 바라보아야 합니다. 부부의 마음이 풀어지니 아내는 푹 자고 저도 다시 집중해서 사역할 수 있었습니다.

가정에 반드시 영적 전쟁이 있다

부부가 싸우게 되면 일상의 모든 것이 무너집니다. 왜냐하면 부부는 '한 몸'이기 때문입니다. 그리고 가정을 깨트리는 배후에는 반드시 사탄이 있습니다.

> 그런데 뱀은 여호와 하나님이 지으신 들짐승 중에 가장 간교하니라 뱀이 여자에게 물어 이르되 하나님이 참으로 너희에게 동산 모든 나무의 열매를 먹지 말라 하시더냐 창 3:1

뱀이 최초의 가정인 아담과 하와의 가정을 깨트린 주범이었습니다. 아담은 하와를 향해 "내 뼈 중의 뼈요 살 중의 살이라."(창 2:23)라고 고백할 정도로 사랑했습니다. 그러나 사탄이 가정을 깨트린 후 아담은 하와를 향해 '그 여자'라고 이야기합니다(창 3:12).

사탄이 노리는 것이 있는데 첫째는 개인이고, 둘째는 가정이며, 셋째는 교회입니다. 개인이 무너지면 가정이 무너지고, 가정이 무너지면 교회가 무너지게 되는 것을 원수는 너무 잘 알고 있습니다. 저는 아내와 연애를 시작하면서 큰 어려움이 있었습니다. 그것은 제 안에 있는 상처, 곧 '열등감'이라는 쓴 뿌리였습니다.

제가 청년 시절, 청년부 수련회에 한 간사님이 오셔서 설교를 하셨습니다. 제 아내는 강사로 오시는 분과 동일한 선교단체의 간사로 함께 섬기고 있었습니다. 아내는 간사 시절 재정이 넉넉하지는 않았습니다. 수련회 당일 아내는 밤새 사역을 하고 와서 수면이 부족한 상태였습니다. 당시엔 여자 친구였던 지금의 아내가 커피 두 잔을 사왔습니다. 그 커피를 누구에게 줘야겠습니까? 저 아닙니까? 그런데 아내는 하나는 간사님을 드리고 하나는 자신이 마셨습니다. 이게 지금으로서는 아무것도 아니지만 제 안에 열등감이 있을 때는 상황이 달랐습니다.

여자 친구에게 재정이 없는데 누군가에게 재정을 흘려

보낸다는 것은 그 사람을 향한 사랑과 존경을 의미했습니다. 저는 설교하시는 간사님을 보니 제 자신보다 훨씬 멋있어 보였고, 영향력이 있어 보였습니다. 비교되는 제 자신은 너무 초라했고, 저의 사랑마저 빼앗긴 느낌이었습니다.

그때의 제 심정은 마치 유리컵이 바닥에 떨어져서 '쨍그랑' 하고 깨지는 것 같았습니다. 저는 고통스러웠고 그런 저를 바라보는 아내도 힘들어했습니다. 왜냐하면 제 안에 있는 열등감을 충분히 이해하지 못했기 때문입니다. 그때 제가 여자 친구였던 아내에게 이렇게 이야기했습니다.

"이 열등감과 상처를 반드시 하나님 앞에서 다룰 거야. 나도 내 자신을 기다려줄 테니, 당신도 나를 기다려줘."

사자와 같은 맹수가 들판에서 먹잇감으로 누구를 노리겠습니까? 병약한 동물을 노립니다.

근신하라 깨어라 너희 대적 마귀가 우는 사자 같이 두루 다니며 삼킬 자를 찾나니_벧전 5:8

사탄은 가정 안에 있는 상처와 죄책감, 예수님과 점점

멀어지는 자를 먹잇감으로 노립니다. 왜냐하면 개인이 무너지면 가정이 무너지고, 가정이 무너지면 교회가 무너지는 것을 원수가 너무나 잘 알고 있기 때문입니다.

2022년에 맨 땅에 헤딩하는 마음으로 용인에 위드처치(With Church)를 개척했습니다. 저희는 주일에만 장소를 대여해서 예배를 드리고 있습니다. 하루는 금요일에 온라인으로 선한목자교회 예배를 드리는데, 첫째 아들 유민이가 제게 이렇게 질문했습니다. "아빠, 저 교회는 인기가 많이 있나 봐. 사람이 엄청 많아! 그런데 왜 우리 교회는 사람이 별로 없어?" 저는 "응, 유민아 사람이 적게 있더라도 예수님과 정말 친밀하게 동행하는 사람들이 있으면 그것으로 충분히 하나님이 기뻐하시는 교회야."라고 대답해줬습니다.

그러나 아들은 제게 계속 질문을 퍼부었습니다. "아빠, 위드처치는 왜 친구들이 없어? 왜 어린이 예배 전도사님이 없어?" "응, 유민아 우리 친구들이 생기도록 같이 기도하자. 또 전도사님이 오실 수 있도록 함께 기도하자." 아들의 질문에 이렇게 대답하면서 제 안에 '교회가 빨리 성장해야 하나? 큰 교회가 되어야 하는 건가?'라는 질문이 생겼습니다. 제 마음에 예수님보다 성공이 더 중요한 우상으로 자리 잡은 겁니다. 제 속에 제 자신의 목회 성공과, 부모님 그리고 사람들로부터 목회를 성공적으로 잘한다고 인정을 받고 싶은 내면의 숨겨진 마음이 있었던 겁니다. 제 스스로 '아, 정말 나는 예수님을 닮지 못했구나. 너무 괴롭다.'라는 생각이 들었습니다.

　명신교회를 담임하시는 김길 목사님의 강의를 들었습니다. 목사님 자신이 굉장히 당황스러웠던 순간이 있는데, 자신의 내면도 오랫동안 다루고 수많은 청년들의 내면을 다뤘는데 개척을 하고 나니 다시 자신의 연약함이 나오기 시작했다는 겁니다. 저는 그 말에 크게 공감이 되었습니다. 그리고 하나님께서 제 연약함을 다루기를 원하신다는 것을 깨달았습니다. 왜냐하면 훈련은 자신의 강점이 아니라, 약점을 성숙하게 다루는 것이기 때문입니다.

　우리 내면의 행복과 평안을 깨트리는 장애물은 무엇입니까? 자기 자신 안에 어떤 연약함이 반복적으로 나타나는지 보인다면 하나님께서 지금 우리의 연약함을 다루기 원하시는 겁니다. 저희 부부는 결혼 후 제가 외부 집회나 설

57
가정에 반드시 영적 전쟁이 있다

교 사역이 있을 때마다 부부의 갈등이 굉장히 심해졌습니다. 그런데 이 패턴이 집회나 설교 일정이 있으면 반복적으로 일어나는 것을 발견하며 깨닫게 되었습니다. '아, 사탄이 우리 부부를 넘어뜨리려고 하는구나.' 부부는 서로의 관계가 어려울 때 가장 고통스러워하는 것을 원수가 너무나 잘 알고 있기 때문입니다. 사소한 문제로 서로 섭섭해지고 마음이 상하고 그렇게 집회에 가면 은혜의 통로가 되지 못하기 때문입니다.

그래서 저는 싸울 때 "우리 영적 전쟁이 있나 봐!"라고 말하지 않았습니다. 싸울 때 그런 말을 하면 정말 아내와 전쟁이 될 것이 뻔하기 때문입니다. 오히려 아내와 분위기가 좋을 때, 맛있는 식사를 하고 커피를 마실 때 얘기했습니다.

"여보, 우리 집회나 설교 일정이 있을 때마다 영적인 전쟁이 반복적으로 있는 것 같아. 매번 우리가 이것에 넘어지면 사탄에게 지는 거니까, 우리가 첫 번째로는 영적 전쟁이 있다는 것을 먼저 인지하자. 그리고 영적인 전쟁에서 어떻게 승리할 수 있을까 함께 기도하고 이겨나가자."

반복적으로 좋은 분위기 속에서 이야기하고 인지하도록 했습니다. 결과는 굉장히 좋았습니다. 부부의 갈등이 올 때 서로 '아, 지금 영적 전쟁의 상황이구나.'라는 것을 인지하기 시작한 것입니다. 우리가 가정 안에서 영적인 전쟁이 있다는 것을 인지하기만 해도 반은 승리하는 겁니다.

제가 한번은 감기 기운이 너무 심해서 병원에 갔습니다. 코로나 검사를 했지만 음성이 나왔습니다. 의사 선생님이 "환자분, 혹시 모르니 독감 검사를 해보시겠습니까? 비용은 3만 원입니다."라고 했습니다. 저는 독감 검사를 받았습니다. 그랬더니 양성이 나왔습니다. 그때 의사선생님이 "독감 양성이 나왔습니다. 이제 됐네요. 타미플루(Tamiflu)만 맞으면 독감은 금방 낫습니다."라고 말씀하셨습니다. 제가 만약 독감 검사를 하지 않았으면 어떻게 됐을까요? 아무리 약을 먹어도 회복되기는커녕 온 가족과 교회 사람들에게 독감을 전파했을 겁니다. 그러나 독감을 인지하자마자 반은 이기고 들어가는 겁니다. 영적인 전쟁도 똑같습니다. 우리 삶 속의 영적인 전쟁을 인지하면 이미 반은 이기고 들어가는 겁니다.

어느 집사님 이야기입니다. 오랜 투병 끝에 어머님이 소천하셨습니다. 그런데 어머님을 먼저 보내고 그 상실감에 우울증을 너무 심하게 앓았습니다. 두 달 동안 집 밖에 나가지 못했습니다. 그러면서 갑자기 자기 자신이 너무 쓸모없는 사람 같이 느껴졌습니다. '내가 가족들 밥이나 챙겨주는 사람인가?' 그러면서 한 번도 생각하지 않았던 '자살'이라는 생각까지 든 겁니다. 그때 한 성도님이 와서 "그거 사탄이 역사해서 그런 거예요."라고 말하는데 더 큰 상처가 되었다고 합니다. 목사님들께 도움을 요청해도 "기도하겠습니다."라는 말만 돌아올 뿐이었습니다. 그런 상황에서 제게 상담을 요청하셨습니다.

저는 조심스럽게 말씀드렸습니다. "집사님, 우울증을 앓는 것은 사탄이 준 것이 아니라 오랜 시간 투병하신 어머님을 먼저 보내시고 큰 상실감으로 인해 온 것 같습니다." 그리고 또 조심스럽게 이렇게 말씀드렸습니다. "그러나 집사님에게 '나는 쓸모없는 사람이야.'라는 생각과 자살하고 싶다는 생각을 주는 것은 사탄이 우울증이라는 것을 이용해서 집사님의 생각을 틈타는 것 같습니다."

감사하게도 하나님께서 은혜를 주셔서 집사님의 생각이 정리가 되고 명료해졌습니다. 그리고 그 순간 집사님의 목소리 톤이 바뀌었습니다. 다음 날 두 달 만에 집에서 나와 미용실도 가고 주일예배를 드리러 교회로 나가셨습니다.

사탄은 특별히 우리의 생각을 틈타고 우리의 정체성을 흔들어 놓습니다. 사탄은 그 사람의 가장 특별한 것, 중요한 것을 공격합니다. 사탄은 욥의 자녀를 건들고, 돈을 건들고, 종을 건들고, 건강을 건들고, 마지막에는 배우자를 건드렸습니다. 그렇다면 우리는 어떻게 가정의 영적 전쟁에서 승리할 수 있을까요?

마귀의 간계를 능히 대적하기 위하여 하나님의 전신 갑주를 입으라_
엡 6:11

마귀의 간계를 능히 대적하려면 하나님의 전신 갑주를 입어야 합니다. 이 말은 예수 그리스도로 옷 입으라는 겁니다. 즉, 내가 원수와 싸우면 백전백패(百戰百敗)입니다. 그러나 예수님과 함께 전쟁을 하면 백전백승(百戰百勝)입니다.

어느 주일, 예배를 드리고 있을 때였습니다. 5살 난 둘째 아들 하민이가 바깥에 있던 초등학생 형들한테 엉덩이를 흔들면서 '메롱'을 하고 있는 겁니다. 예배가 끝나고 "하민아, 형들을 놀리는 건 안 되는 거야. 잘못된 거야."라고 이야기해줬습니다. 어떻게 5살밖에 안 된 아이가 저보다 덩치가 배는 더 큰 초등학생 형들에게 쫄지 않고 놀릴 수 있었을까요? 초등학생 형들보다 훨씬 덩치가 큰 아빠가 함께 있기 때문입니다. 아들의 행동이 잘못된 것이라는 것은 이야기해줬지만, '아빠가 나와 함께 있다. 아빠가 훨씬 강하다!'라는 믿음만큼은 아들이 저보다 훨씬 크다는 것을 깨달았습니다.

하루는 아내와 함께 오전에 말씀을 묵상하고 함께 기도하는 시간을 가졌습니다. 그런데 기도하는 중에 아내에게 하나님께서 한 사건을 생각나게 하셨습니다. 마치 영화의 필름이 지나가듯 한 이미지가 그려졌습니다. 아내가 선교 단체 간사로 섬기면서 중국 선교를 갔을 때의 일입니다. 한 간사님과 학생이 신앙 상담을 하고 있고, 아내는 옆에 있었다고 합니다. 그런데 자매가 계속 자신의 열등감과 연약함에만 몰두하면서 우울해하는 겁니다. 그러자 간사님이 자매를 향해 이렇게 말했습니다. "너의 연약함에만 계속 몰두할 게 아니라 예수님을 바라봐야지!"

순간 이 음성이 마치 하나님께서 아내에게 말씀하시는 음성 같았다고 합니다. "은미야, 네 연약함만 보는 게 아니라 나를 바라봐야지!" 이것이 가정에서 영적 전쟁을 하는 우리 모두에게 말씀하시는 하나님의 음성이라고 생각합니다. "사탄에만 주목하는 게 아니라, 네 연약함에만 몰두하는 게 아니라 예수님을 바라봐야지!"

가정에서 한 사람만이라도 전신 갑주를 입고 있으면 영적인 전쟁에서 반드시 승리합니다. 전쟁이란 생사를 가르는 싸움입니다. 영적 전쟁도 마찬가지입니다. 혼자 싸우면 정말 외롭고 힘이 듭니다. 그렇기 때문에 가정에서 부부가 함께 전신 갑주를 입고 싸워야 하는 겁니다.

어떤 목사님이 해주신 이야기가 있습니다. 한 자매의 아빠가 늘 집에서 화를 냈다고 합니다. '도대체 아빠는 왜 이렇게 항상 화를 내실까?' 자매는 도저히 이해가 가지 않았습니다. 목사님은 그 자매에게 늘 멘토링을 해주고, 예수님의 제자로 훈련을 시켰습니다. 그러던 어느 날 자매에게서 연락이 왔습니다. "목사님, 저희 가정이 여행을 가는데 이 여행을 위해서 함께 기도해주세요. 저희 가정이 여행기간 동안에 싸우지 않고, 평안하고 따뜻한 분위기 속에서 여행할 수 있도록 기도해주세요." 이때 목사님은 너무 뿌듯했다고 합니다.

'이 자매가 드디어 가정 사역을 시작하는구나!'

예전에는 아빠가 집에서 화를 내면 '도대체 왜 화를 내는 거야?'라고 생각했지만, 이제는 온 가족을 섬기며 예전처럼 여행에 가서 싸우는 것이 아니라 온 가족이 따뜻하고 행복한 분위기 속에서 여행할 수 있도록 기도하고 섬기는 가정 사역을 시작했다는 겁니다. 자신의 연약함을 하나님 앞에 다룰 뿐 아니라, 가정까지 섬기는 모습이 바로 예수님의 제자 된 모습입니다.

꼭 기억하십시오. 모든 가정이 예수 그리스도로 옷 입고 주님과 가장 친밀하게 동행할 때, 개인과 가정과 교회는 승리합니다. 그것도 '반드시' 승리합니다.

우리 부부가 반복적으로
싸우는 갈등은 무엇입니까?

우리 부부가 영적인 전쟁에서
어떻게 하면 승리할 수 있을까요?

PART 3
신앙

아이를 낳고 주님과 멀어졌어요

아내의 이야기

저는 모태신앙으로 교회 안에서 자랐고, 학교에서도 모범생으로 자랐습니다. 고등학교 때도 기독교 동아리, 대학교 때에도 예수전도단 단체에서 활동했습니다. 예수제자훈련도 받고, 간사로 위임받아 대학생들을 제자로 세워가기 위해 함께 기도하고 예배하고 열방을 향해 선교하기 위해 헌신하기로 결정한, 그런 청년이었습니다.

참 잘 자란 것 같죠? 저의 신앙의 변곡점은 첫 번째로 노동력으로 돈을 버는 직업을 갖게 되면서이고, 두 번째는 첫째 아들을 낳을 때, 세 번째는 둘째 아이를 갖기로 결정하면서의 시간입니다. 저는 주님 앞에 어떻게 나아가야 할지 머릿속 매뉴얼을 잘 만들어 둔 채 결혼하고 임신하고 출산을

했습니다. 하지만 막상 출산을 하고 육아전선에 뛰어들게
되자 머리로 알던 것들을 삶으로 살아내기가 쉽지 않다는
것을 깨닫게 되었습니다. 임신하고 출산하는 모든 과정에
서 괜한 걱정을 사서 하지는 않았습니다. 하지만 생각보다
더 쉽지 않았고 힘들었습니다.

갓 태어난 아이를 돌보며 '이은미'라는 제 자신은 사라
져갔습니다. 생리적인 현상을 제때 해결하지 못하는 것은
다반사고, 씻는 것도 자유롭지 않았고, 집안일도 쌓여만 갔
으며, 의미 없이 반복되는 일상은 너무 버겁게만 느껴졌습
니다. 여유 있는 묵상과 티타임도 저에게는 사치였고, 아이
때문에 주님과도 한참 멀어진 것 같았습니다.

저는 저를 찾아야만 했습니다. 하지만 바로 주님께 의
지하지 못하고, 제 힘으로 그 시기를 이겨보려고 고군분투
를 했습니다. 저를 찾기 위해서 제가 한 일은 집에서 벗어
나 제 일을 시작하는 것이었습니다. 120일을 막 지난 아이
를 어린이집에 맡기고 다시 출근을 했습니다. 아이는 어린
이집을 다니면서 열이 나고 많이 아파서 몇 번의 입원과 퇴
원을 반복했는데, 저는 아이가 약해서 그런 거라고만 생각

하고 엄마와 떨어져서라고는 생각하지 못했습니다. 제 자신을 찾아가기 바빴던 것이죠. 제가 살아있다는 것을 바쁨으로 증명하고 싶었던 것 같습니다. 제가 숨 쉴 수 있는 시간과 공간을 찾아 머리를 짜내고 있었습니다.

신앙생활도 제대로 되지 않았습니다. 피곤했고, 버거웠고, 주님보다는 다른 것들로 저를 채웠습니다. 아이 때문에 잠을 못 자 피곤한데, 더 잠을 줄여가며 드라마와 예능을 섭렵했습니다. 그 순간은 너무 힐링이 되고 그렇게 재미있고 즐거웠지만, 일어나면 곤욕이었습니다. 몸은 더 천근만근 (千斤萬斤) 힘들어지고 그런 엄마를 인지한 아이는 더 칭얼댔기 때문입니다.

교회를 가고자 하는 의지도 꺾였습니다. 교회를 가서 설교를 듣고 찬양하고 기도하는 모든 게 너무 힘들었습니다. 육체적으로 힘든 것이 주님께 나아가지 못하게 하는 방해물이라고 생각했는데, 지금 돌이켜 보면 그저 핑계에 불과했고 실제는 제 마음의 문제였습니다. 주님과의 시간을 거부하고 있었던 것입니다. 왜냐하면 내 몸이 힘드니까 저의 죄성이 주님 말고 더 재밌고 자극적인 것들로 저를 채우려고 했으니까요.

남편도 당시에 공부와 사역으로 많이 바빴지만 제가 하고자 하는 모든 것들을 지원해주며 저를 도와주었습니다. 그 속에 저의 신앙을 걱정하는 것이 느껴졌지만 그저 저를 묵묵히 기다려주려고 했다는 것도 나중에 알게 되었습니다. 하지만 2년이라는 시간을 바쁘게 지내고 보니 남편의 건강도 나빠져 있었고, 아이도 유아천식에 걸려있었습니다. 물론 이 모든 것이 제 탓이 아니라고 누군가는 말할 수도 있지만, 저의 솔직한 심정은 이 모든 것이 이기적인 저의 탓만 같았습니다. 왜 그 힘든 시기를 주님 안에서 통과하지 못하고 저 혼자 해결하기에 급급했을까요? 그때 제가 믿음의 눈이 열리지 않았고 주님을 온전히 바라보지 못했기 때문입니다. 주님을 바라보지 않은 아내와 엄마로 살아가면서 제가 목도하는 가족들의 희생과 아픔, 그리고 무엇보다 이것이 제 이기심의 결과라는 정죄감이 저를 옭아매고 그것이 저를 더욱 아프게 했습니다.

둘째를 갖겠다는 마음을 남편과 나누면서 첫째와의 시간을 돌아보았습니다. 둘째가 태어났을 때는 다시 이런 상황을 되풀이하고 싶지 않다는 생각이 강했습니다. 주님이 주신 마음 같았습니다. 둘째를 임신하고 출산하고 양육할 때에는 예수님과 함께 주님을 바라보면서 해야지 하는 다짐을 강하게 하였습니다. 남편과 가족들의 기도와 지원으로 제가 그렇게 한 걸음씩 가정이라는 울타리를 인정하고 엄마와 아내로 어떻게 살아가야 하는지 알아가는 시간이었습니다.

가정이 무엇인지, 아내가 무엇인지, 엄마가 무엇인지, 주님이 말씀하시는 가정이라는 것이 도대체 어떤 것인지를 다시 새롭게 정립하면서 둘째의 임신과 출산의 시간을 보내게 되었습니다. 둘째를 출산한 후 다시 시작된 육아가 마냥 수월하지만은 않았지만 아이를 사랑하는 마음을 갖게 되었습니다. 첫째를 가졌을 때 엄마에게 물었던 기억이 납니다. 내 아이가 태어났는데 내가 예뻐하지 않으면 어떻게 하냐고. 그때 엄마는 쓸데없는 생각이라고 하시며 내가 낳은 아이인데 어떻게 안 예쁠 수 있냐고 혀를 차셨던 기억이 납니다.

첫째와 달리 둘째는 너무 사랑스러웠습니다. 둘째를 낳

아이를 낳고 주님과 멀어졌어요

고서야 첫째가 순하다는 것을 깨달았지만, 까탈스럽고 예민한 둘째도 그저 사랑스러웠습니다. 주님이 주신 마음이라고, 주님이 허락하신 변화라고밖에 설명할 수 없었습니다. 저의 변화는 모두 사람이 아닌 주님이 하신 것이기 때문입니다. 말이 통하는 애들만 예뻐하던 제가 아무 말도 하지 못하는 핏덩이 같은 아이를 그저 바라만 봐도 예쁘게 느끼게 되었다는 건 정말 커다란 변화였고, 저의 절실한 기도 제목의 응답이었습니다.

청년의 때에 주님 앞에 헌신하기로 했던 마음의 동기는 제가 영혼을 사랑하는 마음이 너무도 없는 이기적인 사람이었기 때문이었습니다. 그 마음을 너무 배우고 싶었고 알고 싶어서 제 삶을 드리고 싶었던 것인데, 제가 생각했던 방법과 다르게 주님은 주님이 허락하신 결혼과 가정 안에서 그 한 영혼을 향한 마음을 배우게 하셨습니다. 그저 그냥 보기만 해도 사랑스러운 그 사랑이 흘러가는 마음을 말입니다.

그리고 첫째 때보다 성질이 고약한 아이가 한 명 더 있는 둘째의 신생아 시절은, 주님을 더 의지하고 바라보면서

결혼 생활, 나만 힘들어?

지내게 되었습니다. 그때는 남편도 기숙사 학교에 있어서 아이들과 저를 돌봐줄 수가 없었는데, 오히려 더 여유 있고 감사하고 주님과 친밀했던 시간으로 기억합니다. 예수님이 함께하신다는 마음과 생각으로, 말씀과 기도 안에 머물렀던 참 귀한 시간이었습니다. 첫째 아이도 말을 잘 들어주었고, 까탈스럽지만 사랑스런 둘째 아이와도 잘 지낼 수 있었는데 가장 중요한 것은 바로 제가 주님과 친밀했기 때문에 두 아이를 돌보는 육아 효능감이 마구 올라갔던 것 같습니다.

아이를 낳고 주님과 멀어졌어요

신앙의 발맞춤, 기다림

남편의 이야기

제가 처음 아내를 눈여겨보기 시작한 시점이 있습니다. 청년 시절 인도네시아 선교를 가기 위해서 준비하는데, 한 자매가 중보기도를 인도했습니다. 둥글게 앉아서 말씀을 선포하면서 기도 인도를 하는데, 말씀을 선포하며 기도할 때마다 '쿵~ 쿵~' 하고 제 마음에 영적인 파워가 강렬하게 느껴졌습니다. 저는 그 당시 신대원을 준비하고 있었기 때문에 영적으로 민감하기도 하고, 또 관심이 많았습니다. 그래서 기도하는 중에 눈을 들어서 기도 인도를 하는 자매를 쳐다보니 바로 지금의 제 아내였습니다. 제 남동생도 그 자리에 함께 있었기에 제가 동생에게 이렇게 말했습니다. "준하야, 은미가 기도 인도를 하는데 영적인 파워도 느껴지고,

뭔가 내 마음에 영적으로 강력한 느낌이 들었어!" 그랬더니 동생이 "형, 나도 그런 느낌을 받았어."라고 대답했습니다. 아마도 아내가 그 당시 하나님과 굉장히 친밀한 관계를 맺고 있었던 것 같습니다.

그 후로 지금의 제 아내에게 밥 먹자고 데이트 신청을 한 열 번은 했던 것 같습니다. 그렇게 예수님 안에서 교제하고 결혼을 했습니다. 그러나 아내는 아이를 낳고 영적으로 쉽지 않은 시간을 보냈습니다. 육아하면서 말씀과 기도로 하나님과 친밀하게 동행하는 삶을 찾아가는 것은 또 다른 시작이었습니다.

저는 늘 무엇이든 아내와 함께하고 싶어 합니다. 신앙의 부분에서도 그저 함께하고 싶었습니다. 저에게는 정말 중요한 인생 전체를 바꾼 질문이 하나 있습니다. 그건 바로 인도네시아 선교사님이셨던 김승회 목사님이 제게 하신 질문입니다. 목사님은 제가 인도네시아로 단기 선교를 갔을 때 저의 멘토가 되어 주셨습니다. 목사님이 선교사역을 마무리하고 한국에 돌아오셔서 찾아가게 되었는데 그때 커피를 내려주시면서 제게 한가지 질문을 하셨습니다.

저는 어리둥절했습니다. 그런데 대화가 끝나고 지하철을 타고 가는데, 지하철 안에서 말할 수 없는 하나님의 깊은 임재가 제 온몸을 뒤덮었습니다. 예수님이 저와 함께하시는 것에 정말 눈이 떠지기 시작한 시점이었습니다. 당시에 아내와 연애할 때인데, 당연히 아내도 알고 있는 부분입니다. 저희는 신앙적인 부분을 가장 많이 나누고 대화했으니까요.

또 저에게는 실제로 예수님과 동행하는 사람을 만나서 충격을 받은 일도 있습니다. 그건 바로 전도사 시절 예수님의 사람 제자훈련에 참여했을 때의 일입니다. 그 제자훈련의 오리엔테이션 시간이었습니다. 그때 유기성 목사님이 앉아계셨었는데, 제가 유기성 목사님과 함께 있다는 것만으로도 계속해서 예수님이 의식되기 시작했습니다. 유기성 목사님이 일상에서 계속 예수님을 24시간 바라보는 삶을 사시니까 제가 유기성 목사님을 바라만 보아도 예수님의 깊은 임재가 느껴졌던 것이라는 깨달음이 있었습니다. 목사님과 만난 후로 화장실을 가도 예수님의 임재가 느껴졌고, 제자훈련이 끝나고 차를 타고 이동하는데도 마치 예수님이 조수석에 앉아 계시는 것처럼 생생하게 주님의 임재를 느꼈습니다.

저는 전도사 사역을 하면서 예수님과 24시간 친밀하게 동행하는 것은 무엇일까 고민하고 찾기 시작했습니다. 성경을 통해 예수님과의 동행을 묵상하고 연구하고 제 삶에 실제적인 적용을 해나갔습니다. 특별히 '예수동행일기'를 쓰면서 매일매일 예수님과의 친밀함을 점검해보았습니다.

여기까지 아름다운 이야기로 마무리하면 좋겠지만 저는 그러면서 아직 예수동행에 대해 들어본 적도 없고 경험해보지도 않은 아내에게 함께 예수동행일기를 써보자고 적극적으로 권면하기 시작했습니다. 연애할 때는 서로 예수동행일기를 쓰기로 하며 서약서를 만들어 코팅해서 주기도 하고, 꼭 같이 했으면 하는 마음에 반응이 없을 때마다 권면했습니다. 아내도 마지못해 처음에는 함께 써보았지만, 이내 쓰다가 멈추기를 반복했습니다. 저도 이해가 되는 것이 본인은 육아를 하느라 힘든데 그것을 잘 알아주지도 못하면서 일기를 쓰라고 하면 더 힘이 들겠지요. 또한 아내가 그때 당시에는 주님과의 친밀감을 놓치고 있던 시기이기도 하고 그래서 스스로 필요성을 느끼지 못했던 것 같습니다. 그렇기 때문에 계속 쓰라고 이야기하기도 그렇고, 저로서는 어떻게 할 도리가 없는 시간이 지속되었습니다. 그래서 아내의 예수동행일기를 쓰는 것이 형식적이 되고 지속되지 못하였고, 삶으로 살면서 보여주는 것이 아니라 그저 하라고만 하는 저의 태도에도 어려워했습니다. 저는 그래도 굴하지 않고 말만 하지 않았지 다양한 방법으로 권면해보았지만, 별 반응이 없는 아내에게 일기를 쓰라고 강요하는 모습만 되었습니다.

변하지 않는 아내를 나무라기보다 제 자신을 돌아보았습니다. 중요하다고 생각해서 상대방에게 강요할 게 아니라 정말 중요하면 내가 먼저 삶으로 살아야 한다는 것을 깨달았습니다. '아, 내가 먼저 삶으로 예수님과 동행하는 모습을 가정에서 보인다면 아내도 반드시 변화될 거야.'라고 생각하고 예수동행의 삶을 진정으로 살기로 결심하였습니다. 그렇게 저는 더 이상 예수동행일기를 쓰라고 아내에게 강요하거나 권면하지 않았고, 그저 아내가 주님 안에서 회복되고 변화되기를 묵묵히 3년이라는 시간 동안 기다렸습니다.

그렇게 3년이 지나고 드디어 기다리고 기다리던 그때가 왔습니다. 아내가 둘째 하민이를 임신했을 때였습니다. 둘째를 임신하고 아내도 주님 앞에서 변화되려고 많이 노력했는데, 그 변화의 시점에 '예수동행일기 세미나'를 7개월된 임산부의 몸으로 다녀온 것입니다. 2박 3일 동안 세미나를 다녀와서 집으로 들어오는데 이전과 달리 아내의 얼굴이 환하게 바뀐 것이 느껴졌습니다. 아내의 얼굴에는 은혜가 충만했고 기쁨과 행복이 있었습니다.

아내가 사모이기 때문에, 그리고 청년 시절 제가 반했던 포인트가 바로 아내의 신앙이었기 때문에 제가 아내에게 기대했던 어떤 모습이 있었던 것 같습니다. 그리고 너무나도 귀하게 생각하는 예수님과 동행하는 삶을 꼭 같이 살아줬으면 좋겠는 마음도 강해서 아내에게 그 삶을 살라고 강요 아닌 강요를 하게 된 것 같습니다. 제 나름 아내를 사랑하는 마음에서 한 것들이긴 하지만, 그저 입으로만 그럴

게 살라고 아내에게 이야기하는 것은 하나도 통하지 않았습니다. 제가 외치는 삶을 스스로의 삶으로 살아내며 보여주고 기다리니 결국 아내에게 변화가 찾아오기 시작했던 것입니다.

아내를 향한 기다림은 바로 주님이 주신 지혜, 주님이 주신 깨달음입니다. 아내를 향한 믿음의 눈이 열리고, 아내를 지지하고 기다리며 보낸 3년이 어떻게 보면 저에게도 참 힘든 시간이었습니다. 하지만 육아로 지치고 주님과의 관계가 너무나도 힘들었던 아내에게 결국 제가 해줄 수 있는 것은 신앙을 회복하라고 잔소리하는 것이 아니라, 주님이 아내에게 전부가 되도록 기도하며 기다리는 것이었습니다.

아내와 함께 묵상을 하고 나누는 시간이었습니다. 아내가 제게 이렇게 나누었습니다. "여보, 나는 이제 예수동행의 전문가가 될 거야!" 맞습니다. 결국 목사도 은퇴하고 직업도 끝이 나지만 예수님과 동행하는 일은 영원히 끝나지 않기 때문입니다. 그리고 제 핸드폰에 있던 아내의 이름을 이렇게 바꾸었습니다. '예수동행 전문가, 이은미'.

어떻게 성령 충만한 부부가 될 수 있을까?

성경에서 배우기

어떤 청년이 한 목사님에게 이런 질문을 했습니다.

"목사님, 결혼을 하면 힘이 드나요?"

그러자 목사님께이 이렇게 대답했습니다.

"네, 힘이 듭니다."

"결혼은 행복한 것인 줄 알았는데 왜 힘이 드나요?"

목사님은 이렇게 대답했습니다.

"왜냐하면 자기중심적인 남자와 자기중심적인 여자가 만났기 때문에 결혼은 힘이 드는 겁니다."

우리의 결혼 생활에 가장 큰 장애물은 무엇일까요? 그것은 기꺼이 섬기려는 마음이 아니라 '지독한 자기중심성'을 모두가 갖고 있다는 겁니다. 팀 켈러는 세상에 세 가지

종류의 부부가 있다고 말합니다.

첫째, 기꺼이 상대를 섬기는 부부
둘째, 마음에 원망과 서운함이 가득한 채로 억지로 섬기는 부부
셋째, 자기 입장을 끝까지 내세우며 뜻을 굽히지 않는 부부

여러분은 어떤 부부의 모습인가요?

제 아내는 장점이 많습니다. 대장부입니다. 보통 목사인 남편이 개척을 한다고 하면 사모님들은 뜯어말립니다. 그러나 제 아내는 함께 기도하며 같이 개척하는 사람입니다. 뿐만 아니라 아내는 기계도 잘 다루고 일도 굉장히 잘합니다. 남을 섬기는 것, 사람들을 챙겨주는 것도 잘합니다. 그리고 음식도 참 잘합니다. 단, 집을 청소하는 것은 부족합니다. 물론 제가 하면 되지만 아내의 유일하게 부족한 부분이 바로 청소입니다.

제가 의정부에 살 때 하루는 사역을 하고 돌아와서 집을 청소하는데 위의 둘째 유형의 부부처럼 '마음에 원망과 서운함이 가득한 채로 억지로' 청소를 했습니다. 그런데 이미 제 안에 서운한 마음이 굉장히 많이 쌓여 있었습니다.

그래서 그날 폭발하여 아내에게 소리를 지르고 말았습니다. 아내는 너무 놀라 그 자리에 굳어버렸고, 그 순간 아들은 무서워서 이불 속에 숨었습니다. 그 모습을 지켜보는데 순간 좌절감이 들었습니다. 아차 싶었습니다. 하지만 이미 물은 엎질러졌습니다. 저는 그 순간부터 너무 나쁜 남편이었습니다.

제 자신을 돌아보면 자기희생이 아니라 자기중심성으로 가득했기 때문에 아내가 굉장히 힘들어했던 것 같습니다. 이게 결혼을 하고 보니 드러난 제 모습의 실상이었습니다. 제 연약함을 나누는 것이기 때문에 '장산하 목사 저거 나쁜 목사네…'라고 생각할 수 있지만, 굳이 이렇게 나누는 이유는 이를 통해서 우리가 각자 자신 안에 있는 연약함을 돌아볼 수 있기 때문입니다.

제 힘으로, 제 자아로 가정을 섬기려고 할 때 저는 늘 실패했습니다. 자기중심성으로 가득 찬 사람의 특징이 있는데, 그것은 조급하고 쉽게 화내고 냉랭하고 함부로 말하고 쉽게 상처를 주는 것입니다.

팀 켈러는《결혼을 말하다》에서 한 부부 이야기를 합니

다. 롭(Rob)이라는 형제가 있었는데 그는 공감 능력이 없고, 말이나 행동이 늘 부정적이었습니다. 그래서 그의 주위에는 친구들이 없었습니다. 롭은 사회성이 많이 떨어지지만 정작 스스로는 전혀 알아차리지 못했습니다. 결국 욱하는 성격 때문에 직장에서 쫓겨나기까지 합니다. 그러다가 제시카(Jessica)라는 자매를 만나게 되는데 이 둘은 두 번의 데이트로 서로에게 푹 빠지게 됩니다. 제시카가 볼 때, 롭은 굉장히 탁월한 이야기꾼 같았습니다. 그리고 제시카도 웬만한 말에는 상처를 받지 않는 적극적인 여성이어서 둘은 잘 맞는 것 같았습니다. 결국 롭과 제시카는 결혼을 하게 됩니다. 그런데 결혼 두 달만에 롭의 폭력적인 모습이 점점 보이기 시작했습니다. 제시카를 향해 불같이 화를 내기도 했습니다. 제시카는 결혼한 지 얼마 되지 않아 롭의 성격적인 결함을 바닥까지 보게 됐습니다. 둘은 더 이상 결혼 생활이 행복하지 않다는 생각이 들어 교회 목회자에게 상담 요청을 합니다.

둘은 오랜 시간 상담을 받았습니다. 그리고 어느 날 제시카는 롭을 향해 이렇게 말했습니다. "롭, 당신의 말과 행동은 나에게 큰 상처가 돼. 당신이 하는 말이 남들에게 어떤 영향을 주는지 당신이 알 때까지 정확하게 이야기해줄게. 하지만 나는 침묵하지도 물러서지도 않을거지만 되갚아주지도 않을거야. 예수님께서 하셨던 것처럼 나도 당신을 끝까지 사랑으로 용납할거야." 롭은 자신의 바닥을 보고 자신을 버리는 수많은 사람들을 봐왔지만, 이렇게 자신을 끝까지 용납해주고 사랑하는 사람을 처음 보게 됩니다. 제시카가 따뜻하게 롭을 사랑할수록, 그는 조금씩 그리고 천천히 제시카의 말에 귀를 기울이고 변해가기 시작했습니다. 그런데 제시카 자신도 달라질 필요가 있음을 철저하게 깨닫기 시작했습니다. '나는 지독하게 독립적이어서 누구한테 기대기 어려운 사람이다. 마음에 들지 않으면 냉정하게 돌아서는 사람이다. 롭을 볼 때 너무 짜증스러웠다. 나는 차갑고 냉정했다.' 제시카는 롭의 문제가 심각하다는 것을 파악했을 때, 자신도 심각한 수준이라는 것을 깨닫기 시작했습니다. 즉 자기 배우자에게만 자기중심성이 있는 것이 아니라 사실은 자기 자신에게 가장 큰 자기중심성이 있다는 것입니다.

신조어로 '내로남불'이라는 단어가 있습니다. '내가 하면 로맨스, 남이 하면 불륜.'이라는 뜻입니다. 남이 할 때는 비난하지만 자신이 할 때는 합리화를 하는 겁니다. 배우자의 눈에 있는 티끌은 발견하지만, 내 눈에 있는 들보는 깨닫지 못하는 부부가 굉장히 많습니다. 부부 상담을 할 때 느끼는 것은 배우자의 연약함은 탁월하게 잘 찾는다는 겁니다. 그러나 자기 자신도 '똑같은 성질을 가졌다는 것'은 깨닫지 못합니다. 그래서 신앙의 훈련은 '나' 자신부터 해야만 부부가 바뀔 수 있습니다. 결혼이라는 긴 여정 가운데 우리는 어떻게 자기중심성을 깨뜨리고 성령 충만한 부부가 될 수 있을까요?

그리스도를 경외함으로 피차 복종하라_엡 5:21

정답은 늘 '그리스도'께 있습니다. 사도 바울은 자신의 능력으로, 자신의 노력으로 "피차 복종하라."라고 말하지 않습니다. "그리스도를 경외함으로." 자기희생을 할 수 있다고 말하는 겁니다.

《예수와 함께한 저녁식사2》에서 주인공 닉은 예수님 생각으로 가득 차 있었습니다. 그런데 차를 운전하다가 연료가 다 떨어집니다. 생각이 너무 많아서 연료 넣는 것을 깜빡한 겁니다. 도로에서 차가 멈춘 채 닉이 어찌 할 바를 모를 때, 누군가가 기름통을 손에 들고 멀리서 터벅터벅 걸어옵니다. 누구였을까요? 예수님이었습니다. 닉은 너무 놀랍니다. 예수님은 닉의 차에 직접 기름을 넣어주십니다. 그리고 조수석에 탑니다. 닉은 쉴 새 없이 예수님께 질문들을 퍼붓습니다. 그동안 하고 싶었던 말과 왜 이제 나타나셨는지와 같은 수많은 질문들을 합니다. 그리고 예수님과 함께 팬케이크 가게에 들어가서 함께 먹고 마시면서 이야기를 나눕니다. 자신의 죄로 고통스러워하던 닉이 예수님께 묻습니다.

"예수님, 죄에서 승리할 수 있는 방법이 있나요?"

"하나가 있기는 하죠."

"뭔가요? 제게 알려주세요."

예수님은 닉의 눈을 바라봅니다. 그리고 말씀하십니다.

"나예요. 내가 길이에요. 내가 진리예요. 내가 생명이에

89
어떻게 성령 충만한 부부가 될 수 있을까?

요(요 14:6)."

우리 삶의 '결혼'이라는 여정에도 영적인 연료가 다 떨어질 때가 있습니다. 그때 우리는 어디에서 영적인 연료를 넣어야 하는 건지, 더 나아가 영적인 연료를 채울 수는 있는 건지 질문할 때가 많이 있습니다. 가정생활에서 부부는 정말 성령 충만할 수 있는 걸까요?

> 18 술 취하지 말라 이는 방탕한 것이니 오직 성령으로 충만함을 받으라(성령 충만) 21 그리스도를 경외함으로 피차 복종하라(열쇠) 22 아내들이여 자기 남편에게 복종하기를 주께 하듯 하라(부부)_엡 5:18,21,22

21절을 기준으로 위의 단락은 '성령 충만'에 대한 메시지를 담고 있습니다. "…오직 성령으로 충만함을 받으라."(엡 5:18b). 또 21절을 기준으로 밑의 단락은 '부부'에 대한 말씀, 곧 남편과 아내에 대한 말씀의 시작이기도 합니다. 즉, '성령 충만과 부부'에 대한 말씀의 연결고리가 에베소서 5:21의 말씀이라는 것입니다. 성령 충만한 부부의 열쇠가 바로 에베소서 5:21 말씀 속에 있는 것입니다.

여러분은 '성령 충만한 사람'이라고 할 때 어떤 이미지가 떠오릅니까? 아마도 성령 충만한 사람을 생각하면 불, 기도, 방언, 손을 들고 예배하는 모습들을 상상할 수 있을 겁니다. 네 맞습니다. 그것이 성령 충만의 증거들 중의 한 가지입니다. 그런데 만약 교회에서 예배할 때 방언으로 기도하고, 손을 들고 뜨겁게 찬양하고, 불을 받아 기도했는데 가정에 와서는 자기희생도 없고, 이기적인 모습만 보이고, 배우자에게 퉁명스럽고, 집에서는 아이들도 돌보지 않고, 집안일도 안 돕고, 계속 핸드폰만 붙잡고 있고, 배우자에게 피곤하다는 표정으로 계속 짜증만 낸다면 어떨까요?

성경에서 성령 충만의 실재는 성품의 변화, 곧 예수님의 성품으로 변화되는 것이 진정한 성령 충만한 사람이라고 말하고 있습니다. 에베소서 5:21의 "피차 복종하라."는 말씀에서 '복종하다'라는 원어의 뜻은 '자발적으로 자기 자신을 상대방보다 낮추어 섬긴다.'라는 의미입니다. 성령 충만은 자기 자신을 위해서 사는 것이 아니라 상대방을 위해 사는 것, 자기를 희생하는 것을 의미합니다. 남편이든 아내든 자기 자신을 위해 사는 것이 아니라, 상대방을 위해서 살아가는 것입니다. 이것이 고단하지만 진짜 성령 충만한 사람의 특징, 자기를 위해 살지 않고 '자기를 희생'하는, 성경이 말하는 진정한 성령 충만의 사람입니다.

그래서 부부가 함께 성령 충만을 구하는 기도를 하는 것이 굉장히 중요합니다. 단순히 신앙적으로 뜨거워지는 차원을 넘어 정말로 부부가 성령 충만하여서 자기를 희생하고 피차 복종하며, 서로를 섬기는 부부가 되기를 기도하는 겁니다. 저희 부부도 계속 도전하는 것이 함께 QT하고 나누고 기도하는 시간을 갖는 겁니다. 부부가 말씀을 묵상하고 나누는 것을 통해 서로를 더 깊이 알아갈 뿐만 아니라, 서로를 위해 성령 충만하기를 기도할 때 함께 그리스도를 닮아가는 아름다운 부부가 될 것입니다.

《예수와 함께한 저녁식사2》에서 주인공 닉이 예수님을 만나고 예수님께서 연료를 채워주셨듯이, 우리의 진짜 영적인 연료가 되시는 분은 오직 예수님뿐입니다. 닉과 예수님은 어떤 관계입니까? 둘의 관계는 '종교적인 관계'가 아닙니다. 인격적인 관계이자 친밀한 관계입니다. 팬케이크와 커피를 마시며 일상에서 교제하고 함께 누리는 관계입니다.

그리스도를 경외함으로 피차 복종하라_엡 5:21

에베소서 5:21의 핵심 단어는 '경외함'입니다. 경외함은 단순히 예수님을 두려워한다는 의미일까요? 아닙니다. 경외한다는 것은 예수님을 항상 바라본다는 의미입니다.

여호와의 친밀하심이 그를 경외하는 자들에게 있음이여 그의 언약을 그들에게 보이시리로다 내 눈이 항상 여호와를 바라봄은 내 발을 그물에서 벗어나게 하실 것임이로다_시편 25:14-15

경외한다는 것은 내 눈이 항상 예수님을 바라보는 것입니다. 마치 다음의 내용과 같습니다. 핸드폰이 있습니다. 핸드폰을 그냥 두면 결국 '방전'됩니다. 무엇을 해야 합니까? 충전기에 연결해서 충전해야 합니다. 동일합니다. 우리의 인생은 핸드폰과 같습니다. 예수님이 우리의 충전기이자 진정한 영적 연료가 되셔서 우리와 예수님이 항상 연결되어야만 우리는 가정을 섬길 수 있는 힘이 생깁니다. 즉, 자기중심성으로 가득한 남편과 자기중심성으로 가득한 아내가 만나 행복한 가정을 이루는 열쇠는, 남편도 예수님과 24시간 연결되어 있고 아내도 예수님 중심으로 살아갈 때 예수님이 주시는 영적인 힘을 공급받아 자기희생을 기꺼이 하며 가정을 섬길 수 있는 것입니다.

하루는 제가 독감에 걸렸습니다. 그리고 7살 아들 유민이까지 독감에 걸려서 열이 40도까지 올랐습니다. 코로나처럼 굉장히 힘들었습니다. 토요일에서 주일로 넘어가는 새벽에 유민이의 열이 좀처럼 떨어지지 않아 급한 마음에 응급실로 향했고, 링거를 맞고 다행히 열은 내렸지만 집으로 돌아왔을 때는 새벽 3시 30분을 넘어가고 있었습니다. 예전 같으면 자기중심성으로 가득해서 내일 주일을 준비해야 하기 때문에 아내에게 "여보가 유민이랑 응급실 갔다와요."라고 말했을 것입니다. 그런데 제가 먼저 아들을 데리고 응급실로 가겠다고 했습니다. 응급실에서 예수님과 저는 마치 핸드폰 배터리 충전기처럼 '연결'되어 있었습니다. 주님이 저와 함께하셨고, 저도 주님을 바라보았습니다. 그래서 기쁘게 아내와 가정을 섬길 수 있었습니다.

제가 잘했다고 말하고 싶은 게 아닙니다. 저는 여전히

실패자이지만 예수님께 연결될 때 예수님께서 자기희생의 삶을 살게 하시고, 행복한 가정을 이루게 하신다고 이야기 하는 겁니다. 왜냐하면 사도 바울이 말씀하는 부부의 행복 은, "예수님께 완전히 연결되어서, 자기희생할 때, 말할 수 없는 행복이 있고, 아내가 행복하고 아이들이 행복할 때 진 짜 행복을 얻는다."라는 것이기 때문입니다.

가정에서 거울을 보고 내 표정을
그림으로 그려보세요. (종이를 준비해 주세요.)

정말 성령 충만한 사람이라면
가정 안에서 어떤 모습이어야 할까요?

PART 4
성(性)

부부 관계가 선물이 될까?

아내의 이야기

연애할 때, 집 앞 엘리베이터에서 남편과 뽀뽀를 하다가 아빠한테 딱 들킨 적이 있습니다. 아빠는 저의 머리를 한 대 콕 쥐어박고 돌아서셨습니다. 아빠는 그때 어떤 마음이셨을까요?

저는 성교육을 제대로 받은 기억이 없습니다. 2차 성징의 시기를 지날 때도 친구나 부모도 아니고 그저 혼자 알아서 해결했던 것 같습니다. 돌이켜 생각해보니 대학교 4학년 때 학교 도서관에서 박수웅 장로님의 책《우리 사랑할까요?》와《우리 결혼할까요?》, 이 두 책으로 배운 것이 전부인 것 같습니다.

선교단체 활동을 하면서 제가 원하는 이상적인 가정의

모습을 기도하고 있었지만, 그건 그거고 실제적인 남자 친구인 사람과 남편과의 살을 맞대는 관계에 대해서는 의사이신 장로님이 책에 적나라하게 묘사한 내용을 통해서야 제대로 알게 되었습니다.

《5가지 사랑의 언어》라는 책이 있습니다. 자신의 사랑의 언어를 5가지로 나타낼 수 있는데, 사랑의 언어의 종류에는 인정하는 말, 함께하는 시간, 봉사, 선물, 스킨십이 있습니다. 이 5가지 사랑의 언어 테스트를 해 보면 저는 스킨십이 정말 가장 낮은 사랑의 언어로 나옵니다. 결혼한 후에는 오직 '봉사'만이 사랑의 언어가 되었습니다.

남편은 함께하는 것도, 스킨십도 참 좋아하는 사람입니다. 하지만 저는 연애할 때부터 남편의 사랑의 언어를 맞춰가는 것이 너무 힘들었습니다. 달라도 너무 다른 사람과 연애부터 결혼하고 아기까지 낳았는데도 그 스킨십의 영역이 저에게 쉽지 않았습니다.

박수웅 장로님의 책에 보면 부부 관계를 하기 전에 같이 이 관계의 시간을 위해, 그리고 아이를 위해 기도하고 주님과 함께함을 생각하면서 하라고 되어 있어 남편과 그렇게 하려고 노력했습니다. 서로 부부 관계에 대한 느낌과 방법들을 솔직하게 이야기하면서 맞춰가는 시간을 가졌습니다. 사실 지금도 그렇게 하는 중입니다.

《팀 켈러, 결혼을 말하다》에서 성(性)의 욕구가 적은 사람이 성의 욕구가 많은 사람의 요구를 들어주는 것이 선물이 될 수 있다는 표현이 있습니다. 남편이 저를 위해 봉사의 사랑의 언어를 채워주려고 노력하듯이, 매일 정말 열심히 의지를 가지고 설거지를 해주듯이, 같이 등원 전쟁에 참여해주듯이, 밖에 나갈 일 있을 때 잊지 않고 쓰레기를 버려주듯이, 저도 남편을 위해 노력하는 영역이 부부 관계의 영역입니다.

성의 영역을 알아가는 제 시간을 돌아보니, 책으로 배웠다고 해도 과언이 아닙니다. 하지만 저는 숨기거나 어려워하기보다 솔직하기로 결정하고 조금 부끄럽더라도 부부만의 기쁨을 만끽하기 위해 남편과 많은 대화를 했습니다.

실오라기 하나 걸치지 않은 모습을 보고 사랑의 마음을 느끼는 것이 부부라는 것을 알아가는 시간이었습니다. 이러한 부부 관계를 통해 쾌락도 허락하시지만 정말 처음부터 끝까지 생명으로 가득 찬, 성경 말씀에서 이야기하는 실제적인 '생명'이라는 열매가 생기는 방법이라는 것을 알게 되었습니다.

'생명'이 바로 '부부 관계'라는 것을 이해하게 되면서 부부라는 것, 가정이라는 것이 하나부터 열까지 정말 사소한 것 하나부터 현실에서 누리는 하나님 나라라는 것을 알게 되었습니다. 그리고 주님의 나라를 위한 그 위대한 사명으로 가기까지, 경험하지 않으면 절대 알 수 없는 정말 놀라운 창조주 하나님의 섭리를 바로 이 '가정' 안에 숨겨 놓으셨다는 것이 깨달아졌습니다.

한편으로는 의무라는 생각이 들 때도 많습니다. 하지만 저는 누구나 노력할 수 있는 영역이라고 생각합니다. 부부 관계의 기쁨은 하나님이 만들어 놓으신 아름다운 관계를 통해, 태초부터 계획하신 부부와 가정이라는 것을 통해 생명이 생겨나는 것임이 분명한 진리입니다. 그 생명이라는 열매를 통해 하나님의 나라를 확장시키신다는 것을 바로 이 부부 관계 안에 숨겨 놓은 섭리를 통해 알게 되었습니다.

아내도 즐거울 것이라는 착각

남편의 이야기

아내와 연애 시절 엘리베이터 앞에서 입맞춤하고 있었습니다. 그런데 엘리베이터에서 순간 '땡!' 하는 소리가 들리고 문이 열리는데 장인어른이 있었습니다. 저와 아내는 너무 깜짝 놀라 얼어붙었습니다. 장인어른은 아내의 머리에 '콩' 하고 꿀밤을 먹이시고 '어이구'라는 외침과 함께 집으로 들어가셨습니다.

저는 20살에 예수님을 인격적으로 만나고 가장 고민하고 씨름했던 부분이 바로 '성(性)'이었습니다. 하나님을 만나고 성경을 읽으면서 하나님께서 가장 싫어하시는 것이 '죄'라는 것을 깨닫고 어떻게 해야 하나님의 거룩함을 닮아갈 수 있을까 늘 고민했습니다.

아내와 교제할 때도 동일했습니다. 혈기 왕성한 저는 여자 친구였던 아내를 너무 사랑해서 스킨십을 하고 싶으면서도 동시에 아내를 지켜줘야 한다는 마음의 갈등이 있었습니다. 그래서 아내와 대화하면서 어떻게 하면 서로 지켜줄 수 있을까 고민했습니다.

제 경우에는 키스를 하면 성욕이 올라오는 것을 느꼈기 때문에 '가벼운 입맞춤'을 하자고 이야기했습니다. 그리고 여자 친구인 아내를 데려다 주고 아파트 단지 정문에서 가벼운 입맞춤과 함께 헤어지기로 했습니다.

이렇게 규칙을 정했는데도 또 하나의 문제가 있었는데, 그건 바로 '차'였습니다. 그 당시 어머니의 차를 제가 많이 몰고 다녔는데, 차를 타니 더 스킨십의 욕구가 올라왔습니다. 그래서 부모님께 말씀을 드리고 차를 팔았습니다. 이유는 하나였습니다. 여자 친구였던 아내를 지켜주고 싶었고 하나님의 거룩함을 닮아가고 싶었기 때문입니다.

아내가 늘 제게 해줬던 이야기가 있습니다. "꽃을 좋아하면 꺾어가지만, 꽃을 사랑하면 물을 주고 자라나게 해요."

저는 아내를 정말 사랑했고 함께 예수님 안에서 자라나고 싶었습니다. 그렇게 거룩함을 씨름하며 잘 지켜주고 결혼을 하게 되었습니다. 결혼하는 날 저는 너무 행복했습니다. 신혼 첫날밤 부부의 관계를 누렸고, 신혼여행에서도 진솔하게 부부의 성(性)에 대해서도 많은 이야기를 할 수 있었습니다. 사도 바울이 말한 부부의 연합을 통해 그리스도의 연합의 기쁨을 누리고 행복을 경험하는 시간이었습니다 (엡 5:31-32).

하지만 마냥 좋을 줄만 알았던 부부 관계에서도 어려움이 존재했습니다. 저에게 부부 관계는 큰 기쁨이지만, 아내는 그렇지 않았습니다. 아내의 사랑의 언어는 봉사였기 때문입니다.

제가 집안일을 하고 설거지와 청소 그리고 아내가 도움을 요청하는 것들을 할 때 아내의 눈에서는 사랑의 꿀이 떨어집니다. 그러나 아내의 사랑의 언어에는 스킨십이 거의 없기에 부부 관계에서도 사랑의 언어가 영향이 있을 거라고 생각하지 못했지만, 사실 아내는 늘 저를 배려하는 마음으로 부부 관계를 해 주었다는 것을 알게 되었습니다. 아내는 저를 위해 봉사하는 마음으로 그 시간들을 위해 의지를 드렸던 거였습니다.

먼저는 저희가 연애할 때 제가 아내를 위해 스킨십을 절제하며 어떻게 지켜줄 수 있을지 많이 고민했고, 혼전순결도 당연히 지켰지만 그래도 제 나름의 분투하는 그 과정이 아내에게 성(性)에 대한 부정적인 마음을 들게 했다고 나눠 주었습니다.

결혼 후에는 부부 관계를 맺을 때 물론 아내에게도 기쁨이 없는 것은 아니었지만, 부부 관계를 맺는 시간이 마냥 행복한 시간이 아니었고, 나아가 "성(性)이라는 것이 그리스도 안에서 과연 아름다운 것인가?"라는 질문이 있다고 나눠줬습니다. '부부 관계를 맺을 때 마냥 행복한 것이 아니다. 아직 성에 대한 부정적인 인식이 있다.'라는 아내의 말 자체가 제게는 적지 않은 충격으로 다가왔습니다.

저희 부부는 그 뒤로 어떻게 되었을까요? 접점이 없어 보이는 저희가 과연 해결점을 찾았을까요? 저는 아내와 진지하게 대화하면서 연애 시절의 제가 했던 행동과 아내의 마음을 몰라줬던 것들에 대해 아내 앞에서 '용서'를 구했습니다. 그리고 아내를 기다려주고 회복되기를 기도했습니다.

그뿐 아니라 아내와 가정에 관한 이번 책을 집필하면서 함께 공부하고, 팀 켈러의 《결혼에 관하여》 책을 통해서 다시 한번 부부 안에서, 그리스도 안에서 성(性)은 아름다운 하나님의 선물이라는 것을 깊이 깨닫는 시간이었습니다. 부부 관계를 맺는 것이 배우자를 위한 선물이 될 수 있다는 것을 알게 되었다고 서로 그 내용을 나누게 됐습니다. 그 후 아내는 성(性)에 대해 기쁘게 저를 받아주고 부부의 사랑을 온전히 누리게 되었습니다.

아내도 즐거울 것이라는 착각

성(性)은 긍정적인가? 부정적인가?

성경에서 배우기

2015년 기독교 설문조사에서 "성 교육이 필요하다고 생각하나요?"라는 질문에 "매우 필요하다, 필요하다." 이 두 가지 대답을 합쳤을 때 무려 84.7%가 나왔습니다. 그러나 "교회에서 성(性)에 대한 교육을 받아봤나요?"라는 질문에는 "교회에서 성교육을 받아보지 못했다."라는 대답이 무려 82.3%였습니다. 약 85%가 교회에서도 성교육이 필요하다고 느꼈지만 정작 교회에서 82%의 사람들이 한 번도 교회에서 성교육을 받아본 적이 없다고 대답한 겁니다.

팀 켈러는 〈뉴욕 타임즈〉에 실린 한 여자가 온라인 데이트 앱에서 만난 남자와의 성 관계를 기술한 글을 이야기합니다. 둘은 데이트 앱을 통해서 만나고, 합의하에 성 관계를 했습니다. 그런데 남자가 여자를 향해 "스웨터를 벗겨도 되나요? 윗옷을 벗겨도 되나요?"라고 하나하나 다 질문을 하는 겁니다. 여자는 그것을 의외로 배려와 존중을 받는 것 같다고 느꼈습니다. 그러나 성 관계가 끝나고 헤어진 다음 여자가 남자에게 문자를 했을 때 남자는 답장하지 않고 그냥 잠적해버립니다.

무엇을 의미합니까? 성적인 것에는 합의를 구하지만 사람 대 사람으로서는 전혀 존중하지 않는다는 것입니다. 즉, 세상이 말하는 성에 대한 인식의 오류, 모순이 있는 것입니다. 팀 켈러는 "제멋대로 떠날 사람에게 자신의 몸을 내어준다면 정작 그 사람의 인간성을 말살시키는 것입니다."라고 말합니다. 이것은 지금 이 시대를 살아가는 문화를 통해 우리에게 성에 대한 인식에 큰 모순과 오류가 있다는 것을 이야기해주고 있습니다. 여러분은 성에 대한 이미지가 긍정적입니까, 부정적입니까?

저는 '성'에 대해서 생각할 때 떠오르는 이미지가 부정적이었습니다. 하나님을 만나고 음란한 제 모습을 보면서 성의 영역이 죄라는 생각이 들었습니다. 혹시 누군가 성에 부정적인 생각이 있다면 그것은 아마도 문화가 주는 메시지이거나 또는 누군가에 의해서 상처를 받았기 때문일 수 있습니다. 그러나 저는 이렇게 말씀드리고 싶습니다. "그것은 당신의 잘못이 아닙니다."

외부의 잘못된 메시지나 상처로 인해 남아있는 것입니다. 다만 성에 대한 그릇된 그리고 어두운 영역을 주님 앞에 진실하게 토로하고 다룸을 받는 시간이 꼭 있었으면 좋겠습니다. 하나님께서 창조하신 성의 원래의 모습 말입니다. 그렇다면 성경은 '성'에 대해서 뭐라고 말씀할까요?

하나님이 자기 형상 곧 하나님의 형상대로 사람을 창조하시되 남자와 여자를 창조하시고_창 1:27

하나님께서 하나님의 형상대로 남성과 여성을 만드셨습니다. NIV 성경을 통해서 보면 더욱 분명합니다.

So God created man in his own image, in the image of God he created him; male and female he created them._Genesis 1:27

여기서 히브리어 원어는 남자와 여자가 아닙니다. '남

성'과 '여성'입니다. 즉, 하나님께서 사람을 성적인 존재로 만드신 겁니다. 그리고 하나님께서는 오직 하나님의 형상대로 두 가지 성만 만드셨습니다.

바로 남성과 여성입니다. 남성과 여성 외에 또 다른 성을 만들어 내면 어떻게 되겠습니까? 그 외의 성을 만드는 것은 하나님의 형상을 파괴하는 것입니다. 왜냐하면 하나님의 형상대로 오직 두 가지 성, 곧 남성과 여성만 창조하셨기 때문입니다.

'성'에 대해서 더 깊이 들어가면 다음과 같습니다.

> 이러므로 남자가 부모를 떠나 그의 아내와 합하여 둘이 한 몸을 이룰지로다_창 2:24

여기서 가장 중요한 키워드가 있는데, '합하여'입니다. 히브리어로 '다바크'(דָּבַק)인데 성경에서 굉장히 다양하게 표현됩니다. 욥기에서 욥이 자신의 피부와 살이 뼈에 완전히 달라붙었음을 말할 때 '다바크'를 사용합니다(욥 19:20). 룻기에서도 룻이 시어머니 나오미를 '붙좇았더라'(룻 1:14)라고 할 때 '다바크'를 사용합니다. 시어머니 나오미에게 완전히 찰싹 달라붙어 동행한 것을 의미합니다.

여호수아는 "하나님에게 친근히 하라!"(수 22:5)라고 설교하면서 사용합니다. 하나님께 완전히 달라붙어 친밀히 동행하라는 의미입니다. 즉, 남편과 아내가 '합하여' 둘이 한 몸이 된다는 것은 부부가 영적으로, 정서적으로, 육체적으로 하나 될 뿐만 아니라 인격적으로, 사회적으로, 경제적으로, 법률적으로 완전한 '하나'가 된다는 것을 의미합니다.

성은 그리스도의 자기희생을 반영합니다. 온라인 데이트 앱을 통해 만난 사람들에게 '자기희생'이 있었습니까? '쾌락'만 존재합니다. 그리고 이 과정에서 인간성은 말살될 수밖에 없습니다. 그러나 복음이 말하는 성은 하나님이 주신 선물이고, 그리스도의 '자기희생'을 반영하는 것입니다. 왜냐하면 성은 자신의 전부를 완전히 '내어주는 것'이기 때문입니다.

그런데 여기서 중요한 것은 '성'에 대한 말씀이 모두 창세기 1장과 2장에 나온다는 겁니다. 창세기 1장과 2장은 신학적으로 굉장히 중요합니다. 왜 중요할까요? 창세기 3장에 선악과를 따 먹은 '원죄'가 들어왔기 때문입니다.

창세기 1장과 2장은 하나님이 창조하신 모습 그대로 죄가 들어오기 이전(Before)의 상태입니다. 즉, 죄가 들어오기 전에 창세기 1장과 2장에 나오는 '성'은 하나님께서 창조하신 아름다운 선물이라는 것입니다.

성은 하나님께서 우리에게 주신 아름다운 선물입니다. 그래서 성은 긍정적인 것입니다. 그런데 왜 지금 현대사회에서 성은 '부정적'인 이미지인 걸까요? 죄가 들어온 이후에 성을 통해 이 땅의 수많은 사람들에게 상처와 고통이 들어왔기 때문입니다. 성은 부부 관계 안에서, 그리스도 안에서 아름다운 것입니다. 왜냐하면 하나님께서 창조하신 섭리 안에 주신 것이기 때문입니다.

그러나 부부 관계 외에, 그리스도를 떠난 성은 악취가 나는 죄가 되는 것입니다. 마치 돌고래 떼가 바다 안에서 뛰어놀 때는 너무 아름답고 장관이지만 뭍으로 나와 죽고 썩게 되면 악취가 나는 것과 같습니다.

성도 동일합니다. '데오스앤로고스'에서 2015년에 미혼 남녀 기독교인을 대상으로 설문조사를 했는데 "결혼 전에 남녀가 성 관계를 맺어도 괜찮다."라는 대답이 무려 61.3%

나 되었습니다. 수년 전에 한 조사이기 때문에 지금은 혼전 순결이 필요없다고 생각하는 사람들이 더 많아졌을 것입니다.

한 크리스천 부부가 있었습니다. 부부의 삶은 주님께 완전히 헌신해서 섬기고 있었습니다. 결혼 날짜가 잡히고 결혼식이 얼마 남지 않았습니다. 그런데 형제가 자매에게 이렇게 말하는 겁니다. "우리 어차피 결혼하니깐 관계를 가져보자." 결국 결혼 전에 관계를 맺었습니다. 그리고 결혼을 했습니다. 그런데 결혼을 하고 난 후에 자매 마음에 계속 남아있는 무거운 짐이 있었습니다. '아, 이 사람은 다른 사람과도 이렇게 관계를 맺었을 수 있겠구나.' 결국 부부라는 울타리를 벗어난 성은 상처로 남게 됩니다.

저희는 결혼을 하고 제주도로 신혼여행을 갔습니다. 부부 관계에 대한 기대감을 많이 갖고 부부 관계 안에서 그리스도 안에서 아름다운 관계를 맺었습니다. 저희 부부는 제주도 올레길을 걸으면서 성에 대해서, 부부 관계에 대해서 서로 진솔한 이야기를 많이 했습니다. 유교 사상에서 성은 '쉬쉬' 하는 것이지만 성경이 말하는 성은 아름다운 것이기 때문입니다.

부부 관계에서 서로에게 좋은 것과 어려운 것들을 진솔하게 나누면서 이야기했습니다. 그러면서 서로 맞춰가는 시간을 가졌습니다.

> 그러므로 사람이 부모를 떠나 그의 아내와 합하여 그 둘이 한 육체가
> 될지니 이 비밀이 크도다 나는 그리스도와 교회에 대하여 말하노라_
> 엡 5:31-32

부부가 육체적으로, 정서적으로, 영적으로 서로 하나 됨을 누리는 것이 굉장히 중요합니다. 더 나아가 성은 단순히 육체적인 관계만 말하는 것이 아니라 부부의 전인격의 '연합', '하나 됨'을 의미합니다.

사도 바울은 31절의 부부의 연합을 말하다가 갑자기 32절에서 "이 비밀이 크도다."라고 말합니다. 여기서 '비밀'(Mysterion)은 단순히 친밀한 사람에게 속삭이는 비밀이 아닙니다. 이 비밀은 하나님께서 성령을 통해 드러내시는, 사람의 예상을 뛰어넘는 경이로운 진리를 의미합니다. 32절에서 "이 비밀이 크도다. 나는 그리스도와 교회에 대하여

말하노라.”라는 말씀은 부부의 전인격적인 연합을 통해 그리스도의 연합의 비밀을 밝히 드러내는 것입니다.

부부가 서로 사랑하고, 친밀하고, 행복한 사랑의 관계를 누리고 맛봄을 통해 예수님과의 친밀한 동행이 이렇게 행복하고 황홀하다는 비밀을 밝히 보여주는 것입니다. 그래서 팀 켈러는 성에 대해서 다음과 같이 말합니다.

> “성(性)은 함께 사는 삶의 축제가 된다. 육체의 연합은 삶의 모든 영역이 ‘연합됐다’는 놀라운 증표다. 성적 연합이 영광스러운 것은 삼위일체의 환희를 반영할 뿐만 아니라 언젠가 하늘나라에서 하나님과 나누게 될 사랑의 관계, 영원한 기쁨을 암시하기 때문이다.”

여러분은 성에 대한 단어를 떠올릴 때 어떤 이미지가 먼저 떠오릅니까? 부정적입니까, 긍정적입니까? ‘도덕주의’는 성을 ‘불결하다’, ‘더럽다’라고 생각합니다. 즉, 금욕주의로 사고가 흘러갑니다. 성을 죄악으로만 생각합니다. 반대로 ‘상대주의’는 성을 단지 자신의 ‘욕구’를 해결하기 위한 것으로만 생각합니다. 즉, 쾌락주의로 가는 것입니다.

현대의 많은 청년들은 성을 자아를 ‘실현’하거나 자아

를 '발견'하기 위한 수단으로 인식합니다. 즉, 성 관계를 통해 자신의 정체성, '나는 사랑받고 있다.'라는 정체성을 확인하기 위한 것으로 사용하는 겁니다. 2015년에 미혼 기독 청년들을 대상으로 설문조사를 했는데, 성 관계를 맺는 이유 중 1위로 응답자의 50%가 "사랑을 확인하거나, 확신을 주기 위해서."라고 대답했습니다.

그러나 여기서 모순은 원래 성경이 말하는 성은 부부라는 울타리 안에서 법률적으로 사회적으로 하나가 되어 완전한 '자기희생'을 하는 것인데, 타락한 마음과 행위의 성 관계는 자기희생은 전혀 없고, 진실은 '이기적인 동기'만 남아서 "내가 영원히 너만을 사랑해."라는 입에 발린 소리만 있을 뿐, 자기희생은 조금도 없는 모습입니다. 그때 결국 죄로 인한 하나님과의 단절을 맛보게 됩니다. 그리고 죄로 허물어진 텅 빈 마음, 공허한 상태는 상대를 향한 '집착, 질투, 시기, 불안'만 남게 됩니다.

그러나 성경에서 말하는 성은 부부라는 울타리 안에서, 그리스도 안에서 서로에게 '언약의 파트너'가 된다고 말하는 겁니다. 인격적, 사회적, 법률적, 경제적으로 언약하는 것이며, 성은 전인격인 하나 됨을 누리는 것이고 자기희생으로 자신의 전부를 내어주는 것이라고 말하는 겁니다. 그래서 성경은 인격적, 사회적, 경제적, 법률적으로 하나 될 의사가 없다면 '신체적'으로도 연합해서는 안 된다고 단호하게 말하고 있습니다.

그렇다면 그리스도께서는 성에 대해서 우리에게 어떻게 밝히 드러내고 있을까요?

> 그러므로 사람이 부모를 떠나 그의 아내와 합하여 그 둘이 한 육체가 될지니 이 비밀이 크도다 나는 그리스도와 교회에 대하여 말하노라_ 엡 5:31-32

사도 바울은 창세기 2:24 말씀을 그대로 인용합니다. 바울은 에베소서에서 부부에 대해서 말하다가 뜬금없이 "이 비밀이 크다! 나는 사실 부부를 통해 그리스도와 교회에 대해서 말하고 싶은 거야!"라고 말합니다.

존 파이퍼(John Piper)는 이것에 대해 "성적 친밀함과 쾌감은 우리가 내세에, 곧 천국에서 그리스도와 더불어 누리게 될 영광과 기쁨과 즐거움(쾌락)을 미리 맛보게 하는 것입니다.”라고 말합니다.

천국에서의 기쁨이 얼마나 큰지 우리가 얼마나 막연하게 아는 것이냐면, 제가 아들 유민이(8살)와 하민이(5살), 두 아이를 두고 성에 대해 교육하고 부부 관계 안에서 누리는 성이 얼마나 아름답고 놀라운지 알려주면 아마 아이들이 머리는 끄덕거릴 겁니다. 그것이 끝나면 이렇게 말하겠죠. “아빠, 이제 포켓몬 빵 사주세요!” 우리도 그 천국에서 누릴 영원한 기쁨과 즐거움을 안다고 머리로 끄덕일 수 있지만, 그 영원한 나라에서 누리는 기쁨은 마치 아이가 포켓몬 빵이나 달라고 하는 수준일 겁니다. 그래서 팀 켈러는 이렇게 고백합니다.

"나는 온전히, 영원히, 그리고 오로지 당신의 것입니다."

이것이 제 하나뿐인 아내를 향해 하는 고백이고(창 2:24), 오직 나의 신랑 되신 그리스도께 하는 고백입니다(엡 5:32).

성경에서 말하는 아름다운 성이 부부에게, 싱글에게,

또 연인들이나 각자에게 적용이 됐으면 좋겠습니다. 성경이 말하는, 복음이 말하는 성에 대한 바른 가치관을 배울 뿐만 아니라 우리의 삶에 실제적으로 실천되기를 간절히 바랍니다.

첫 번째 적용은 부부입니다. 팀 켈러는 부부의 성 관계에 대해 이렇게 이야기합니다. "신체적으로 성적인 욕구가 적은 쪽은 상대방에게 선물로 줄 수 있다. 그러나 성적인 욕구가 많은 당신은 성적인 관계만 요구하는 것이 아니라 따뜻한 분위기와 따뜻한 대화로 정서적인 준비를 시켜주는 것이 중요하다." 양쪽 다 서로를 향해 '자기희생'이 반드시 필요하다는 것입니다. 한쪽에게만 자기희생을 요구하는 것은 이기적인 마음의 동기가 될 수 있기 때문입니다. 그래서 부부 안에 행복하고 사랑스러운 성 관계가 없어진다면, 즉 매일 연합의 관계, 친밀한 관계, 언약의 관계가 사라지게 되면 부부에게는 마찰과 분노와 원망, 냉담한 분위기만 남습니다. 그리고 서로를 향해 실망합니다. '내 자신이 변화되고 희생해야겠다.'라고 생각하지 않고, "너는 왜 안 변해?"라고 하면서 배우자만 바꾸려고 합니다. 먼저 자기 자신이

120

결혼 생활, 나만 힘들어?

그리스도를 닮아 '자기희생'을 해야 합니다.

　두 번째 적용은 아직 결혼을 하지 않은 청년들입니다. 제가 아내에게 청년들에게는 어떻게 적용을 하면 좋을지 물어봤습니다. 아내는 자신이 선교단체에 있을 때 SR(Special Relationship)이라는 훈련을 받아서 절제하는 생활을 했었다고 말해 주었습니다. 그리고 대학교를 졸업하고 SR훈련이 끝났을 때 자신의 마음 안에 어떤 남성들을 향해 또는 연예인을 향해 이성적인 마음과 생각이 흘러가지 않도록 지키는 데 집중했다고 이야기해줬습니다.

　결혼에 대해 목매거나 가정을 이루거나 돈을 많이 버는 것을 '우상' 삼는 것도 아니고 독신이라고 열등감이나 무기력에 빠지는 것도 아닙니다. 자신의 마음과 생각을 지키고 하나님께서 나에게 짝지어 주신 '배우자'가 반드시 있다는 확신을 가지고 자신의 마음과 생각을 지키는 겁니다. 존 파이퍼의《결혼 신학》에서 다음과 같이 설명합니다.

　그런즉 이제 둘이 아니요 한 몸이니 그러므로 '하나님이 짝지어 주신 것'을 사람이 나누지 못할지니라 하시니_마 19:6

여기서 존 파이퍼는 사람이 노력으로 또는 우연하게 만나는 것 같지만 사실 그 안에 '하나님의 섭리'가 있는데 그것은 바로 '하나님이 짝지어 주신 것'이라는 말씀입니다.

아내가 저랑 연애하기 전에 예수전도단 간사로 섬기고 있을 때의 일입니다. 선교단체 안에서 한 형제가 제 아내를 좋아했는데 저로서는 아내에게 좀 들이대는 것 같았습니다. 어느 날 제가 한 쇼핑몰에서 아내와 그 형제가 함께 있는 것을 목격했습니다. 다른 간사님의 생일 선물을 사기 위한 목적으로 선물을 구입한 후 차를 타고 이동하는 것을 두 눈으로 봤습니다. 물론 둘은 사귀는 사이가 아니었습니다. 그때 제가 아내에게 관심이 있을 때인데, 제 입장에서는 굉장히 불안할 수 있지 않습니까? 그런데 이상하게 하나도 불안하지 않았습니다. 그때 저는 이렇게 고백했습니다. '하나님이 은미를 내게 짝지어 주셨다면, 나는 반드시 은미를 만나게 될 거야.'

저는 한 달 동안 주님 앞에 계속 기도했습니다. "하나님, 주님이 짝지어 주신 배우자가 은미가 맞습니까?" 이후 아내와 만나 식사하고 교제하면서 많은 대화를 나누었고, 결국 아내와 결혼을 하게 됐습니다.

마지막 적용으로는 연애를 하고 있는 연인들의 경우입니다. 지금의 문화는 연애를 하면서 성 관계를 맺지 않으면 바보라고 말하는 시대를 살고 있습니다. 그러나 먼저 생각으로 쾌락을 거절하고, 성경적 가치관으로 자리 잡는 것이 중요합니다.

'성은 아름다운 것이고 하나님이 주신 선물이며, 부부라는 울타리 안에서 남성과 여성이 그리스도 안에서 누리는 것이다.'

실제로 존 파이퍼 목사님께 이런 질문들을 합니다. "지금 이 시대에 성욕을 참는 것이 말이 됩니까?" 존 파이퍼는 이렇게 대답합니다. "결혼 전 성욕을 만족시키는 것이 허락되지 않을 경우에, 하나님께서 그것에 대한 보상으로 하나님의 도우심과 넘치도록 풍성한 사랑과 은혜를 부어 주십니다."

성경에서 그러한 인물을 찾아볼 수 있습니다. 바로 요셉입니다. 혈기 왕성했던 그에게 보디발의 아내가 성적인 요구를 해 옵니다. 그러나 요셉은 하나님의 도우심과 넘치도록 풍성한 사랑과 은혜를 경험합니다. 여기서 핵심은 '다바크'입니다. 하나님과의 하나 됨, 하나님과의 결합, 하나님과의 연합, 하나님과 가장 가까운 친밀한 동행입니다.

> 그의 계명을 지켜 그에게 친근히 하고 너희의 마음을 다하며 성품을 다하여 그를 섬길지니라 하고_수 22:5b

하나님께 친근히 하고, 즉 하나님과 완전한 연합, 완전한 동행, 친밀한 사랑의 관계라는 것입니다. 제가 청년 시절에 씨름한 것이 바로 이것입니다. 죄에 집중하면 죄에 넘어집니다. 오히려 '어떻게 예수님과 24시간 친밀하게 동행할 수 있을까?'라고 고민하고 씨름하며 예수님께 집중할 때, 죄를 이긴 요셉의 놀라운 승리가 나 자신의 승리가 됩니다.

어떻게 하면 하나님 안에서 거룩하고
행복하게 부부 관계를 맺을 수 있을까요?

나와 배우자의 5가지 사랑의 언어는 무엇인가요?
배우자에게도 물어봅시다.

(함께하는 시간, 봉사, 스킨십, 선물, 인정하는 말)

PART 5
육아

한 영혼을 위한 삶, 엄마

아내의 이야기

저는 선교사로 살고 싶었습니다. 중국 민족을 위해 내 삶을 바치고 싶었고, 열방으로 나가고 싶었습니다. 필드사역을 하는 사람들이 멋져 보였고, 가정을 이루고 가정을 돌보는 언니들이 불쌍해 보이기까지 했습니다.

저는 가정에 대한 중요성을 하나도 몰랐습니다. 선교지로 갈 준비를 해야겠다고 결정할 때에 주님이 결혼에 대한 마음을 제게 강력하게 부어 주셨습니다. 그 당시에는 남자친구였던 남편의 강력한 콜링도 한몫했습니다.

주님은 제게 "언어도 통하지 않고 너와 피도 섞이지 않은 아무런 연고도 없는 그 땅을 위해서는 목숨을 바칠 수 있느냐? 너의 피붙이인 자녀와 너를 사랑으로 섬겨주는 남편을 위해서는 헌신할 마음이 하나도 없는 것이냐? 이것이 바로 너의 모순이다."라는 마음을 주셨습니다. 제 마음속은 요동쳤고, 이 질문들이 제 혈기 어린 마음을 꼬집어 주신 주님의 음성 같았습니다.

선교사로 헌신하고 싶었던 건, 제가 너무 사랑이 없는 사람이어서 그 마음을 주님께 배우고 싶어서였습니다. 과연 한 영혼을 향한 마음이 어떤 것인지, 그 마음을 알고 싶은 간절한 마음에서부터 시작된 갈망이었습니다. 그런데 주님은 제게 가정을 이루면 배우게 될 거라는 강력한 메시지를 주셨습니다. 결혼을 결정하는 것을 통해 제 모순된 가치관과 마음을 내려놓게 하셨습니다.

당연히 처음에는 힘들었습니다. 결혼하고 직장에서 일을 하면서 열방을 볼 기회는 없었습니다. 제 혈기는 일에 옮겨지면서 돈을 버는 것에 집중했습니다.

첫째를 낳고 힘든 신생아 시절을 겪으며 제 존재 자체가 사라지는 것 같은 느낌을 받았습니다. 저는 도저히 견딜 수 없었습니다. 첫째를 낳아 기르는 3개월 동안 '나, 이은미'라는 사람은 이 세상에 없는 것 같았습니다. 그래서 육아휴직을 3개월만 쓰고 직장에 일찍 복귀했습니다. 아이는 120일이 안 된 상태에서 어린이집에 다니게 되었습니다. 남편은 학업과 사역과 육아를 했고, 저는 미친 듯이 일에 몰두했습니다. 월급이 저를 증명해주는 것 같았고, 그와 동시에 주님과도 멀어지기 시작했습니다. 제가 찾은 돌파구는 '일'이었고, 제가 저를 증명하기 위한 도구로 일을 선택했습니다. 돌아보면 아이는 많이 아팠고, 아파서 일을 못하는 날들도 꽤 있었습니다. 아침마다 지쳐있었고, 남편의 건강도 악화되고 있었습니다.

그 시기를 돌아보면, 내가 나라고 생각했던 그 시간이 20대 초반의 자유로웠던 내 모습이었던 것 같습니다. 저만의 착각이었습니다. 인생의 경륜을 길게 놓고 하나님의 관점에서 봤을 때 저의 결혼과 출산, 육아는 인생의 한 과정일 뿐이었습니다. 저의 20대는 짧고 엄마로서의 삶은 길다는 것을 깨달았습니다. 갓난아기의 시간은 3개월이고, 그 시간을 아이와 잘 보내면 이제 슬슬 아이는 엄마에게서 1cm씩 멀어지게 되는 것 같습니다.

원래 결혼하고 4명의 자녀를 낳는 게 꿈이었는데, 그러려면 둘째는 필수였습니다. 둘째를 가지려고 노력하고 나서 계획대로 아이가 들어섰고, 심한 입덧이 시작되었습니다. 더 이상 일하기가 힘들었고, 일을 줄이면서 제가 무엇에 집중해야 할지 주님 앞에 묻는 시간이 생겼습니다.

첫째의 신생아 시기에 힘들었던 시간을 다시는 반복하지 않겠다고 생각했습니다. 둘째의 신생아 시기는 첫째와 다르기 원했습니다. '나를 죽이는 시간이 아닌, 주님으로 살아나는 시간을 살리라.'라고 다짐하며 주님께 매달렸습니다.

그러면서 성경을 많이 읽기 시작했습니다. 묵상하고 통독하며 읽어왔던 성경이었지만 아이를 뱃속에 품으며 읽는 성경은 참 달랐습니다. 성경을 읽을수록 하나님이 가정을 얼마나 사랑하시는지, 가정 안에서 엄마의 역할이 얼마나 중요한지, 아이를 위한 기도가 얼마나 소중한지 깨닫게 하셨습니다. 둘째를 갖고 나서야 비로소 엄마가 될 준비를 하고 있었습니다. 성경에는 언급되지 않았던 사무엘의 엄마, 다윗의 아내, 디모데의 할머니와 엄마의 모습을 저에게 알려주시고 성경을 통해 가정에서의 엄마의 모습을 주님이 알려주시는 것 같은 느낌을 많이 받았습니다.

아이를 낳고 기르는 이 시간을 통해서 하나님께서 우리에게 원하시는 생명의 소중함, 한 영혼을 향한 아버지의 마음을 배우고 가정의 중요함을 깨닫게 되었습니다. 제 혈기로 마주했던 청년 시절보다 더 깊이 한 영혼을 바라보며 예수님이 제자를 양육하듯, 엄마가 자녀를 길러내는 것이 정말로 예수님을 닮아가는 삶인지를 알게 되었습니다. 그래서 더욱 그걸 배우지 못했고, 알지 못했고, 깨닫지 못했었던 첫째와의 시간이 너무 아쉽다는 생각이 들었습니다.

물론 둘째와의 시간이 쉬웠던 것은 아니었습니다. 둘째를 낳고 보니 첫째가 굉장히 유하고 순했다는 것을 깨달았습니다. 그땐 몰랐는데 비교대상인 둘째와 지내니 첫째는 천사였습니다. 둘째는 많이 울고, 예민하고, 과격하고, 떼를 쓰고 조심성이 없고, 겁이 없습니다. 첫째는 겁이 많고 순종적이고 유합니다. 둘째가 울면 온 가족이 멈춤의 시간이었습니다. 방도가 없었습니다. 하지만 그 안에서 주님을 찾을 수 있었습니다. 그게 첫째를 낳고 나서의 시간과 비교했을 때 가장 큰 변화입니다. 제 힘으로 돌파하려 하지 않고 주님께 맡기는 법과 주님을 바라보며 그 시간을 통과하는 것, 그걸 배운 시간이 둘째의 신생아 시기였습니다.

첫째와 둘째의 다른 임신기간을 통해 깨닫게 하시는 주님, 주님은 어쩜 그렇게 저를 잘 아실까요? 제가 경험해 보고 깨지고 깨달은 것이 아니면 납득하지 않는 것을 아시고 첫째를 통해 깨지게 하시고 둘째를 통해 다시 기회를 주셨습니다. 그래서 제가 원했던 한 영혼에 대한 갈망에 대한 응답도 주시고 주님 앞에 결단하게 하시는 그 방법, 주님이 저에게 펼쳐주신 임신과 출산과 육아를 통해 알게 하신 그 방법이 저에게는 맞춤교육이라는 것을 깨달았습니다.

현재도 저의 성장과 육아는 진행 중입니다. 남편이 교회를 개척하고 재정적인 도움이 되고자 다시 일을 시작했습니다. 그러다 보니 자연스럽게 아이들이 학교와 유치원에 있는 시간이 늘어났습니다. 첫째를 기를 때의 저였다면 어떻게 하면 아이들을 더 오래 기관에 맡기고 돈을 벌 수 있을까 고민했을 텐데, 10년이 지나 지금의 변화된 저는 어떻게 하면 아이들과 함께하는 시간을 늘릴 수 있을까를 고민합니다. 오은영 박사님과 같은 전문가가 와도 바뀌지 않았을 제 마음과 태도를, 주님이 저를 들어 10년 동안 과정 하나하나를 직접 가르치시면서 변화시켜주셨습니다. 가정이 얼마나 소중한지, 하나님이 가정을 어떻게 만드셨는지, 가정 안에서의 엄마의 역할이 무엇인지 등등등. 물론 지금도 어렵지만 주님이 하나씩 보여주시는 대로 배워가는 길에 서 있습니다.

　말씀과 기도, 예배 안에서 알게 되는 하나님도 참 귀하지만, 가정 안에서 아이들을 기르면서 배우는 하나님은 정말정말 귀합니다. 제 온몸으로, 저의 온 삶으로 체득하는 하나님입니다. 그 성실하심과 선하심, 지혜로우심의 성품들을 제 안에 맺어가길 원하시는, 저를 너무나도 사랑하시는 하나님이 정말 절절히 느껴지는 시간들입니다.

　가장 좋은 제자훈련은 가장 치열한 성품의 훈련과정, 가장 전투적인 영적 전쟁터인 '가정에서의 육아!'라고 자신 있게 추천드릴 수 있습니다. 하나님을 알고 싶다면 육아의 세계로 오세요!

'육아는 힘들어'

남편의 이야기

제가 유달리 첫째보다 둘째를 돌보는 것을 힘들어했습니다. 그중에는 둘째의 큰 목청도 한몫했습니다. 둘째 아들 하민이가 아직 한 살일 때 온 가족이 차를 타고 이동하는데 멀미를 하는 것인지 아주 크게 울기 시작했습니다. 목청이 어찌 그렇게 큰지 그 소리들이 자동차 안에서 사방으로 저를 휘감고 옥죄는 느낌이 들었습니다. 순간 자동차 안이 너무 답답하게 느껴졌고 차에서 뛰쳐나가고 싶을 정도의 충동을 느꼈습니다. 너무 버겁고 힘이 들었습니다. 아내가 아이를 아무리 달래도 아이는 울음을 멈추지 않았고 저는 창문을 열고 고통스러워하면서 문을 박차고 나가고 싶었습니다. 나중에 알고 보니 공황장애가 왔던 것입니다. 그 시간들이 반복되니 아이들을 차를 태워 얌전히 있게 하지 못하는 아내 탓을 하기도 하고, 아이 탓을 하기도 하며 너무 힘겨워하는 제 모습을 보았습니다. 아이가 잘못됐다고 생각했습니다. 이대로는 도저히 안 되겠다는 생각이 들어 제가 잘 아는 심리 상담 교수님께 전화를 드렸습니다. "교수님, 둘째 아이가 차 안에서 울 때 너무 답답하고 고통스럽습니다."라고 제 상황을 자세히 설명해 드렸습니다. 그랬더니 교수님은 "목사님, 혹시 그렇게 고통스러웠던 시기가 언제인가요? 그와 비슷한 시기에 큰 스트레스나 어려운 상황이 있었던 적이 있나요?"라고 물으셨습니다. 이 질문을 받는 순간 한 사건이 스쳐 지나갔습니다.

교육전도사 때 한 청년이 교회의 어려움으로 교회를 떠나게 되었는데, 그 사건이 제게는 굉장히 큰 충격과 상처로 다가왔었던 것입니다. 교수님은 "아무래도 공황장애 증상이 온 것이 그 일과 연결된 것일 수 있으니 한번 그 청년에게도 잘 지내는지 연락해봐도 좋을 것 같아요."라고 이야기해주셨습니다.

아이 때문이 아니었습니다. 저 때문이었습니다. 그 후로 그 청년에게 연락을 했습니다. 그랬더니 저의 마음이 많이 풀어진 것을 느꼈습니다. 둘째가 차를 타면 엄청 울어대는 똑같은 상황이 반복되어도, 그 증상은 서서히 좋아져 더 이상 발현되지 않았습니다. 혹시 도움이 될까 하여 진료를 보러 갔던 병원에서도 저는 약을 먹지 않고도 충분히 좋아질 수 있다고 해주셨고 현재는 많이 좋아졌습니다.

저는 아이들과 오랜 시간 놀아주는 것도 어려워합니다. 아이들이 좀 더 어렸을 때는 아내에게 "여보, 오늘은 자유부인 해요. 친구들과 만나고 혼자만의 시간도 보내고 와요."라고 자신 있게 말하고 두 아들을 돌보려고 했지만 그 결심이 무력하게도 1시간에 한 번씩 아내에게 전화해서 이것저것 물어보고 도움을 요청하기도 했습니다. 그때는 아이들과 함께 있어도 필요한 물건이 어디 있는지 생각이 안 나고, 언제 아이들을 먹여야 하는지 모르겠고 자꾸 아내만 생각나고 의지하게 되었습니다.

또 아내가 아직까지 아이들과 함께 자고 저는 따로 잠을 잡니다. 어느 날 아내가 너무 피곤해서 기꺼운 마음으로 "여보, 오늘은 혼자 푹 자요. 내가 아이들과 잘게요!"라고 말했지만, 새벽에 첫째 아들이 코피가 나니깐 어떻게 조치하지 못하고 바로 "여보 도와줘요."라고 깨워버린 게 저라는 남편이자 아빠입니다. 그 새벽에 아내는 제게 "여보, 이제는 더 이상 나한테 따로 자라고 말하지 마. 그냥 내가 아이들하고 잘게."라고 말했습니다.

저희와 비슷한 나이의 자녀를 데리고 있는 부부가 있는데 자매가 아이들을 돌보는 게 너무 힘들었다고 합니다. 우울증이 있는 것은 아닌지 상담 치료를 했더니 우울증이 아니라 ADHD로 주의력 결핍 및 과잉 행동 장애가 있기 때문에 아이들을 돌볼 때 굉장히 힘들다는 것을 그때서야 알게되었다고 합니다. 그런데 그 말을 듣고 제게도 '내가 ADHD 아닐까?' 하는 의심이 들 정도로 아이들을 돌보는 게 쉽지 않았던 것 같습니다. 아내가 제게 육아의 꿀팁이라고 알려준 것이 "아이들을 돌볼 때 다른 무엇인가를 하려고 하면 더 지치고 힘들다. 아이들이 하고자 하는 대로 따라가면 된다."였는데 그 말을 듣고 보니 적극 동의가 되었습니다. 맞습니다. 아이들을 돌보면서 쉬고 싶기도 하고, 또 해야 할 일들이 생각나고, 또 제 삶에 너무도 중요한 설교를 생각하고 사역들을 계속해서 준비하다 보니 의식해서 의지를 갖고 온전히 아이들을 챙기고 돌보는 일이 제게는 정말 힘이 들었던 것 같습니다.

저는 이 상황을 어떻게 극복했을까요? 먼저는 아내의 말대로 아이들을 돌볼 때 제가 하는 일을 내려놓고 온전히 아이들에게 집중하기 시작했습니다. 그랬더니 정말 '육아 효능감'이라는 것이 생겼습니다. 이전의 저였다면 충분히 힘들고 지쳤을 법한 일들이 이제는 할 수 있겠다는 생각이 들고 실제로 좀 거뜬해졌습니다. 한번은 벚꽃이 피어서 온 가족이 소풍을 가기 위해서 준비했습니다. 저는 조개찜을 요리하고 아내는 유부초밥을 싸서 갔습니다. 아이들과 함께 공원에서 함께 킥보드를 타고, 돗자리를 깔고 준비한 음식을 먹고 웃으며 행복한 시간을 보냈습니다. 벚꽃놀이를 가야겠다고 생각하는 과정부터 준비하고 또 다녀오기까지 내내 행복했습니다. 이전이었으면 너무 피곤하다 집에 얼른 가자고 아내에게 조르고 아이들을 설득하는 데 더 열을 올렸을 텐데 변화된 저는 이제 아이들과 행복한 시간을 누릴 줄 아는 아빠가 되었습니다.

또 한 가지는 아이들을 볼 때 함께하시는 예수님을 바라본 것입니다. 가정에서 예수님을 바라본다는 것이 뜬구름 같은 이야기가 아니라 제 삶의 실제가 되도록 하기 위해 믿음의 눈이 열리기를 계속 기도했습니다. 아이들을 볼 때 예수님을 함께 바라보았습니다. 왜냐하면 가정에서 예수님을 바라보는 것과 바라보지 않는 것은 하늘과 땅 차이라는 것을 너무나도 뼈저리게 느꼈기 때문입니다. 예전 같으면 아이들이 조금만 말을 듣지 않으면 언성이 높아지고 채근하기 바빴을 텐데, 지금은 아이들이 할 수 있을 때까지 기다려줄 수 있는 마음이 생겼습니다. 그 비결이 바로 예수님을 순간순간 바라보는 것이었습니다.

집에 제가 정말로 존경하는 목사님을 초대할 때나, 저희 가정이 누군가를 찾아가면 제가 아이들을 대하는 태도가 달라집니다. 왜냐하면 존경하는 목사님이 저희 가정과 함께하시기 때문입니다. 그런데 제게 예수님은 그 목사님보다 훨씬 더 크신 실재이십니다. 그래서 가정에서 정말 예수님을 바라볼 때 아이들에게 소리치던 모습이 사라졌습니다. 너무나도 감사하고 감격적인 변화입니다. 왜냐하면 이

전에는 제 마음대로 해야 아이들이 말을 잘 듣는다고 생각
했었는데, 지금은 정말 예수님이 우리 가정에 진정한 왕이
시기 때문에 왕이신 예수님을 바라보며 아이들을 돌볼 때
의 평안과 기쁨이 있습니다. 이것이 입술로만 고백하는 것
이 아니라 실제로의 신앙이길 원했습니다. 그래서 지금도
집에 들어와서 아이들을 만나기 전에, 또 힘든 마음이 올라
올 때 수시로 혼자 고백하고는 합니다.

　"그렇지 우리 집에 왕이 계시지⋯."

나도 좋은 부모가 될 수 있을까?

성경에서 배우기

제가 의정부비전교회에서 사역할 때의 일입니다. 금요일에 다음 세대 기도회가 있었는데, 유치부 주관이었습니다. 그래서 설교의 초점이 유치부 4~7살 아이들과 부모를 대상으로 드리는 예배였습니다. 저는 그때 예배당 맨 뒤 미디어실에서 PPT 넘기는 사역을 섬기고 있었습니다. 유치부 아이들과 부모님을 향한 말씀을 듣고 찬양을 하고 기도를 하는데 제가 PPT를 다음 장으로 넘기기 힘들 정도로 울며 기도했던 기억이 있습니다.

왜 그렇게 통곡하며 울었을까요? 두 가지 감정이 들었는데 하나는 정말 하나님으로부터 오는 은혜와 위로를 경험하였고, 동시에 제 마음속 깊은 곳에 '나도 좋은 아빠가 될 수 있을까?'라는 깊은 고민과 질문 때문이었습니다. 결국 제 힘으로는 좋은 아빠가 될 수 없다는 절망감과 오직 제 삶에 은혜가 필요하다는 눈물의 간구였습니다.

우리는 정말 좋은 부모가 될 수 있을까요? 미우라 아야코의 소설 《빙점》의 마지막 부분에 여자 주인공이 자살을 하려고 눈 덮인 강가로 가는 장면이 나옵니다. 주인공은 자기가 살인자의 딸이라는 사실을 알고, 마음이 완전히 무너져 내렸습니다. 더 이상 살 소망이 없다고 느낍니다. 눈이 덮인 제방을 지나 눈 덮인 강변에서 자살하려던 순간, 주인공은 자기가 걸어온 '발자국'을 보고 놀라게 됩니다. 자기는 분명히 '똑바로' 걸어왔다고 생각했는데, 발자국이 너무나 삐뚤빼뚤하게 찍혀있는 겁니다. 그때 주인공은 온전하지 못한 스스로의 모습을 깨달으며 '용서'의 마음을 품습니다. 자신을 미워했던 어머니와 자신을 힘들게 했던 모든 사람들을 용서하는 자리로 나가게 됩니다.

우리들의 부모님도 바르게 살아보려고 했지만 그 인생이 삐뚤빼뚤한 인생을 살기도 하고, 우리에게 상처를 주기도 하는 것 같습니다. 어떤 부모가 자식이 불행하고 망하기를 바라겠습니까? 사실 부모의 마음속 깊은 곳에서 '내 자녀가 정말 행복했으면 좋겠다.'라고 모두 간절히 바랐을 것입니다.

성경은 우리에게 어떻게 해야 좋은 부모가 될 수 있다고 말할까요?

또 아비들아 너희 자녀를 노엽게 하지 말고 오직 주의 교훈과 훈계로 양육하라_엡 6:4

사도 바울은 두 가지를 말합니다. 첫째는 '하지 말라' (DO NOT), 둘째는 '하라'(DO)라고 말합니다.

첫째, "자녀를 노엽게 하지 말라!"라고 말합니다. '노엽게 하지 말라'라는 의미는 '분노하게 하지 말라'는 의미입니다. 그것도 시제가 '현재 명령'입니다. 즉, 반복해서 자녀를 분노하게 하지 말라는 의미입니다. 왜 사도 바울은 부모에게 첫 번째로 자녀를 노엽게 하지 말 것을 말하고 있을까요? 존 파이퍼는《결혼신학》이라는 책에서 "부모에게 분노할 일이 많이 생길 것이기 때문이다."라고 말합니다. 즉, 부모가 자녀에게 분노할 일이 많이 생겨 결국 자녀를 노엽게 할 것이라는 뜻입니다. 계속, 반복해서 부모는 자녀에게 분노할 일이 생긴다는 것입니다. 부모는 언제 자녀에게 분노할까요? 자녀가 부모의 '권위'에 맞설 때 분노합니다.

저는 사춘기가 굉장히 늦게 왔습니다. 고3 때까지 부모님 말씀을 잘 듣고 공부하고 하다가, 고3 수능이 끝나고 그 마음들이 다 풀어졌는지 뒤늦은 사춘기가 왔습니다. 그때 가출을 하기도 했고, 아버지에게 버릇없이 대들기도 했습니다. 한번은 아버지와 단 둘이 차를 타고 가다가 어떤 이야기를 하는 중에 제가 아버지의 권위에 맞서니까 아버지께서 핸들을 주체하기 힘들 정도로 화를 참지 못하셨습니다. 돌아보니 제 잘못이었습니다.

자녀들은 '부모님에게 상처를 받았다.'라고 생각하지만, 사실 자녀도 부모에게 수많은 상처를 줍니다. 그리고 자녀들은 "내가 부모님께 이런 상처를 받았어."라고 말합니다. 그렇지만 부모는 자녀에게 받은 상처를 마음에 묻고 그냥 살아갑니다. 저도 아버지께 지난 일들이 죄송하다고 용서를 구한 적이 있는데, 아버지는 도리어 그런 적이 있었냐며 기억을 못하십니다. 분명 그때 많이 화내시고 힘들어하셨는데 그 힘듦을 잊고 그저 제가 아들이기 때문에 상처를 받았지만 다 잊고 살아오신 겁니다. 왜냐하면 그것이 부모이기 때문입니다.

사도 바울은 부모가 자녀에게 분노할 일이 많기 때문에 계속, 반복해서 자녀를 노엽게 하지 말라고 말씀합니다. 한 가지 '하라!'(DO)를 말하는데, "오직 주의 교훈과 훈계로 양육하라!"라고 말합니다. 여기서 '주'는 헬라어 '퀴리오스'(χύριος)입니다. 즉, 하나님의 말씀대로 교훈하고 훈계함으로 자녀를 양육하라는 말씀입니다. 그런데 정말 이 말씀대로 부모인 우리는 자녀를 향해 분노하지 않고, 주의 말씀대로 아이들을 잘 양육할 수 있을까요?

죄송하지만 사실 우리는 부모로서 실패할 수밖에 없습니다. 왜냐하면 우리 안에 죄된 본성, 잘 살아보려고 하지만 마치 책《빙점》의 삐뚤빼뚤한 발자국처럼 우리는 넘어지고 실수하고 분노하고 세상과 동일한 방식으로 아이들을 가르칠 때가 많기 때문입니다.

부모들 안에 자기 자신도 모르게 가장 깊숙이 뿌리박힌 두 가지가 있는데 율법주의와 반율법주의입니다. 먼저 율법주의의 부모는 다음과 같은 특징을 가지고 있습니다. 율법주의의 부모는 겉으로 보기에는 자녀를 하나님의 말씀으로 양육하고 교훈하는 것처럼 보입니다. 그러나 율법주의의 부모는 자녀를 자신이 생각하는 '종교적 의(義)'의 수준에 부합하는 노예로 만듭니다. 그래서 자녀에게 말씀으로 가르친다고 하지만 그 태도가 굉장히 강압적이고 권위적입니다. 그런 자녀는 종교 아래 자라지만 결국 사춘기가 오거나 청년이 되면 종교를 떠납니다. 왜냐하면 가정에서 행복하지 않았기 때문입니다.

율법주의적인 부모는 자녀를 따뜻한 사랑 안에서 키우는 것이 아니라, 종교적 의의 기준에 부합하지 않으면 비인격적으로 소리를 지르고 다그치며 심지어 때리기도 합니다. 자녀는 굉장한 스트레스를 받고 가정 안에서 행복을 누리지 못합니다. 그렇기 때문에 결국 첫 번째 "노엽게 하지 말라. 분노하지 말라."라는 말씀에 율법주의의 부모는 계속 실패하게 됩니다.

참 두려운 것은 율법주의의 부모의 모습이 제 자신에게도 있다는 것입니다. 저는 모태신앙이 아닙니다. 스무 살에

결혼 생활, 나만 힘들어?

인격적으로 하나님을 만났습니다. 저는 굉장히 뜨거웠고 열정적이었습니다. 그러다 보니 교회의 가르침 안에서도 율법주의와 복음의 기준 없이 스펀지처럼 그대로 흡수했습니다. 가정을 이루고 자녀를 양육하다 보니 제 안에 종교적이고 권위주의적인 아버지의 모습이 있었습니다. 아니 지금도 여전히 남아있는 부분이 있습니다. 그 모습이 남아있을까 두려워하며 복음으로 제 안에 있는 율법주의를 날마다 점검하려고 합니다. 위선으로 가득 차고 자기 의로 가득차서 자녀들이 부모를 볼 때 예수님을 보지 못하고, 오히려 아버지를 통해 바리새인처럼 보게 될까 봐 두렵습니다. 그러므로 우리에게 율법주의는 없는지 지속적으로 점검해보아야 합니다.

그렇다면 우리는 자녀들에게 율법을 제시하지 말고, 자유롭고 방탕하게 살도록 해야 할까요? 사도 바울은 절대로 그럴 수 없다고 말합니다. 반율법주의 부모는 어떻습니까? "하나님의 언약에 대한 책임을 질 필요가 없다!"라고 가르칩니다. 그래서 반율법적인 부모는 자녀들에게 "네 마음대로 살아, 네 인생의 주인은 너야! 네 마음대로 즐기며 살아도 돼!"라고 가르칩니다. 자유는 좋은 것이지만 방종, 죄의 삶을 살도록 하는 것은 결국 자녀가 예수님을 향해 나아가는 것이 아니라 세상으로 죄를 사랑해서 예수님을 떠나게 하는 삶인 것입니다.

반율법적인 부모는 자신이 율법적인 부모보다는 낫다고 생각합니다. 그러나 이런 자녀는 사도 바울이 이야기하는 두 번째 "주의 말씀대로 양육하고 훈계하라!"는 말씀대로 살아가지 못하게 됩니다. 우리 세대의 부모님들이 대부분 그렇지만, 저희 부모님도 정말 뼈가 으스러지도록 가족을 위해 헌신하며 살아오셨습니다. 그리고 지금도 그렇게 사십니다.

저희 부모님은 늘 가족 중심적이고, 가족을 생각하고, 자녀를 위해 헌신하십니다. 동시에 제가 어려서부터 지금까지 부모님으로부터 '결핍'된 것이 하나 있는데, 그것이 바로 부모로부터 받는 '인정'입니다. 사실 지금도 부모님은 저를 충분히 인정해주시지는 않습니다. 그런데 제가 '위드처치'(With Church)를 개척하고 제 자신이 부모로부터 굉장히 인정을 갈급해 하는 것을 깨달았습니다. 즉, 부모의 인정이 제게는 어떤 심리적 구원으로까지 격상되어 있다는 것을 발견하게 됐습니다.

그러나 이것을 깨달았을 때 먼저 제 자신을 돌아보게 되었고, 이제는 부모로부터 충분한 인정을 받지 못하더라도 제 스스로에게 이렇게 고백합니다. '부모로부터 충분한 인정을 받지 못해도 괜찮아. 왜냐하면 그리스도께서 내게 넘치는 인정과 사랑 그리고 용납을 해주시니 나는 그것으로 이제 충분해.'

제게는 율법주의적인 부모와 반율법주의적인 부모의 모습이 둘 다 여전히 존재합니다. 제 삶은 《빙점》의 주인공처럼 삐뚤빼뚤한 발자국을 남깁니다. 부모로서 자녀들이 행복하기를 바라며 열심히 살아보지만, 자녀들을 향해 분노하기도 하고 주의 말씀이 아니라 세상의 방식으로 가르치려는 죄 된 본성이 여전히 남아있습니다. 즉, 저는 제 어떤 다짐이나 노력으로도 좋은 아빠가 될 수 없음을 깨닫게 됩니다. 그렇다면 예수님은 좋은 부모가 될 수 없는 저의 문제 그리고 우리의 문제를 어떻게 해결해 주실까요? 문제의 정답은 우리 자신에게 있지 않고 그리스도께 있습니다.

또 아비들아 너희 자녀를 노엽게 하지 말고 오직 주의 교훈과 훈계로
양육하라_엡 6:4

에베소서 6:4을 다시 보면 "또 아비들아."라고 시작합니다. 여기서 '또'는 헬라어 '카이(καί)'라는 전치사입니다. '그리고'라는 전치사로 에베소서 6:1-3까지 말씀과 연결됩니다. 에베소서 6:1 말씀을 볼까요?

자녀들아 주 안에서 너희 부모에게 순종하라 이것이 옳으니라_엡 6:1

여기서 핵심은 '주 안에서'입니다. 사도 바울은 우리의 어떠함으로 좋은 자녀, 좋은 부모가 될 수 없다고 말합니다. '주 안에서'는 헬라어 '엔 퀴리오(ἔν κύριος)'입니다. 전치사 '엔'은 '~안에, ~와 함께'라는 뜻입니다. 즉, 부모가 자녀를 바라볼 때 주 예수님을 '함께' 바라보라는 것입니다. 이것이 좋은 부모가 될 수 있는 핵심 중의 핵심입니다. 왜 부모가 자녀를 볼 때 예수님을 함께 바라봐야 합니까? 자녀들은 부모의 '말'뿐인 신앙을 알아차리기 때문입니다.

지금 제 아들은 8살, 5살입니다. 지금은 어느 정도 부모

의 말을 알아듣습니다. 그러나 사춘기가 되면 자녀는 더 이상 부모의 '말'뿐인 신앙, 거짓 신앙, 종교적인 신앙을 믿지 않습니다. 즉, 자녀는 부모의 말이 아니라 부모의 '뒷모습'을 보고 변하기 때문입니다.

유기성 목사님의 딸이 고1 때의 일입니다. 딸이 시험을 보고 와서 침대에서 펑펑 우는 겁니다. 아빠니까 딸에게 가서 안수기도를 해줬다고 합니다. "하나님, 우리 딸이 시험으로 많이 힘들어합니다. 주님이 힘을 주시고, 딸의 마음에 함께하시는 하나님께서 힘을 주십시오." 그러면 딸이 아빠를 향해 "아빠 너무 고마워요."라고 해야 하지 않습니까? 그런데 오히려 아빠의 기도가 끝나니 딸이 소리를 지르는 겁니다. "아빠! 내 안에 정말 예수님이 계신 게 맞아? 나는 도저히 안 믿어져!" 목사님은 딸의 그 외침이 성도들의 외침 같았다고 합니다. "목사님, 제 안에 예수님이 정말 계신 것이 맞습니까? 저희는 도저히 보이지도 않고 믿어지지도 않습니다!" 그리고 시간이 흘러 딸이 고3이 되었습니다. 학원을 가야 해서 차에 태워서 이동하는데 조수석에서 딸이 아빠한테 "아빠, 너무 고마워요."라고 말하는 겁니다.

목사님은 "아니야, 내 딸인데 당연히 이 정도는 해줘야지."
라고 하셨답니다. 그러자 딸이 이렇게 대답했습니다. "아
니요, 그게 아니라 사실 고1 때 하나님이 안 믿어졌어요. 인
터넷에서 본 하나님은 없다는 증거 영상들은 믿어지고 하
나님의 존재가 도저히 안 믿어졌어요. 그런데 아빠를 보면
아빠 마음에는 분명히 예수님이 계시잖아. 그러니까 아빠
가 교회에서도 가정에서도 저렇게 똑같이 사시지. 그렇게
하나님이 믿어졌어요." 그 시기에 선한목자교회 전 성도가
예수동행일기를 써야 했기 때문에 딸도 일기를 고1 때부터
쓰기 시작했는데 그 과정에서 본인도 너무 놀랐다는 겁니
다. '내가 이런 고백을 한다고? 이건 정말 내 안에 예수님이
계셔야만 할 수 있는 고백들이잖아. 내가 어떻게 이런 고백
들을 하지?'라고 생각했다고 고백하면서 자연스럽게 예수
님이 믿어졌다는 겁니다.

　이것은 우리에게 무엇을 이야기해 줍니까? 자녀는 부
모의 말뿐인 신앙을 보고 배우지 않습니다. 자녀는 부모의
'뒷모습'을 보고 배운다는 겁니다. 부모가 "애들아, 예수님
은 살아계셔. 우리와 함께하셔!"라고 말하면서 술을 마시

고 핸드폰으로 이상한 것이나 보고 있으면 자녀는 속으로 생각합니다. '아, 하나님은 가짜구나. 아빠도 사실 말만 그렇지 실제로는 믿지 않는구나.'

그러나 부모가 자녀를 양육할 때 부모가 먼저 예수님을 바라본다면, 그러면서 자연스럽게 예수님의 성품을 닮아간다면 자녀는 부모가 만난 예수님, 부모가 항상 바라보는 예수님으로 인해 변하기 시작하는 것입니다. 그러므로 부모가 자녀를 바라볼 때 예수님을 함께 바라보아야 합니다.

그렇다면 도대체 가정에서 예수님을 바라본다는 것은 무엇일까요? 예수님은 우리 눈에 보이지도 않는데 어떻게 주님을 항상 바라볼 수 있을까요? 여러분은 혹시 정말로 존경하는 분, 사랑하는 분, 꼭 닮고 싶은 분이 있습니까? 만약 존경하는 분이 여러분 가정에 방문한다면 어떻게 준비하겠습니까? 저는 집을 정말 깨끗이 청소하고, 가장 맛있고 좋아하실 만한 음식을 준비할 겁니다. 그런데 그분이 만약 우리 집에서 세 달 동안 머물겠다고 한다면 어떻겠습니까? 당황스러울 것입니다. 그리고 불편할 것입니다. 그러나 정말 존경하고 사랑한다면 동시에 기쁜 마음이 들 것입니다. 저는 좋은 방을 내어주고 함께 지내면서 불편함이 있지만 행복하고 많은 것을 배우는 유익한 시간이 될 것 같습니다. 집 분위기도 완전히 달라질 겁니다.

부교역자일 때 교역자 리트릿을 갔습니다. 출발할 때 차에서 이런 생각을 했습니다. '예수님이 나와 지금 이 순간도 함께하시는데, 만약 예수님이 나와 함께하심을 두 눈으로 볼 수 있다면 이번 교역자 리트릿은 어떤 시간이 될까?' 그때부터 교역자 회의가 아니라 마치 예수님과 함께하는 배낭여행을 가는 것 같았습니다. 예수님을 모신다는 것이 이와 같다고 생각합니다. 부모가 말로만, 지식으로만 주님이 함께하심을 아는 정도가 아니라 예수님을 이렇게 생생하고 실제적으로 가정에 모신다면, 함께 계심을 분명하게 믿는다면 자녀들이 부모를 보고 예수님을 바라보게 될 겁니다.

그러나 우리 자녀들은 부모의 얼굴에서 예수님으로부터 오는 진정한 행복과 만족을 보지 못하는 경우가 대부분입니다. 예수 그리스도의 아름다움을 부모님의 얼굴에서 찾아볼 수가 없습니다. 오히려 부모들은 조급한 마음에 자녀들에게 다그칩니다.

"너 똑바로 예배해야지! 큐티해야지! 기도해야지!"

예배와 큐티와 기도를 하지 말자는 것이 아닙니다. 그러나 자녀들에게 이렇게 다그치는 가정은 율법적인 분위기일 겁니다. 형식만 중시하는 종교적인 분위기의 가정입니다. 아이들은 이런 가정에서 살다가 사춘기가 오면 결국 집과 교회를 떠납니다. 그러나 부모님이 예수님과 정말 행복해하고 생생하게 동행하며, 부모님의 얼굴에서 예수님으로부터 오는 진정한 만족과 행복을 경험하고 부모님의 모든 초점이 오직 예수님께만 있는 것을 본다면 자녀들은 부모님을 보고 '우리 아빠, 엄마는 참 따뜻해. 우리 부모님은 뭐가 저리 행복하실까?'라고 생각합니다.

자녀들도 부모님을 보고 압니다. '우리 부모님은 뭔가가 있구나. 정말 예수님이 함께 계시는구나…나도 저렇게 살고 싶다.' 이것이 바로 복음적 가정의 분위기입니다.

여러분의 가정의 분위기는
율법주의적인가요, 반율법주의적인가요,
따뜻하고 행복한 복음적 분위기인가요?
그리고 왜 그렇게 생각하나요?

~~~~~~~~~~~~~~~~~~~~~~~~~~~~~~~~~~~~~

~~~~~~~~~~~~~~~~~~~~~~~~~~~~~~~~~~~~~

~~~~~~~~~~~~~~~~~~~~~~~~~~~~~~~~~~~~~

어떻게 하면 부모인 내가 먼저 가정에서
예수님을 생생하게 바라볼 수 있을까요?

~~~~~~~~~~~~~~~~~~~~~~~~~~~~~~~~~~~~~

~~~~~~~~~~~~~~~~~~~~~~~~~~~~~~~~~~~~~

~~~~~~~~~~~~~~~~~~~~~~~~~~~~~~~~~~~~~

PART 6
재정

내가 돈 벌면 안 되나요?

아내의 이야기

가정을 이루고 처음 느꼈던 답답함은 주님이 마음을 주실 때 남편에게 먼저 마음을 주시거나 가정에서의 중요한 일을 결정하는 일에 있어서 남편에게 권위가 있다는 것을 깨달았던 때입니다. 에베소서 말씀에 교회의 머리가 예수님이시고, 아내의 머리 됨이 남편이라는 구절이 있습니다 (엡 5:23). 가정에서의 대소사를 거치면서 자연스럽게 알게 되었고 그 섭리를 인정하게 되었고 이제는 그것이 저에게도 안정감이 되었습니다.

재정의 영역도 마찬가지였습니다. 제가 혼자 벌어서 썼을 때는 손해를 봐도 이익을 봐도 제가 결정하면 그만이었는데, 가정 안에서의 재정의 권위가 남편에게서부터 흐르고 남편을 통해 가정의 모든 필요가 공급된다는 것을 깨닫고 또 인정하게 되었습니다.

물론 그것을 인정하는 과정이 마냥 쉽지만은 않았습니다. 저는 마땅히 해야 할 노동을 통해 돈을 벌었다면, 남편은 알 수 없는 이유로 사람을 통해, 관계를 통해, 다양한 방법을 통해 가정의 필요를 공급받았습니다. 심지어 첫째의 생일 선물도, 제 생일 때 케이크도, 쌀도, 그 달에 필요한 재정도 그렇습니다. 이른 나이에 결혼해서 안정적이지 않은 상황에서 부모님께 손 벌리며 산 것도 맞지만, 그에 못지않게 남편을 통해 풍성히 채우시는 주님을 경험했습니다.

하지만 처음에는 감사함보다는 의아함이 있었습니다. 제가 시간당 노동이 아니면 벌 수 없는 재정을 남편은 주님의 역사하심 한가운데에서 공급받는 것처럼 느껴졌습니다. 저는 빼고 남편 혼자서 주님의 역사하심 안에 거하는 것 같아 서운하기까지 했습니다. 이제 더 이상 주님의 직접적인 마음을 받지 못하는 것은 아닌가 하는 생각도 들었습니다.

그러나 시간이 지나고 주님이 깨달음을 주셨습니다. 그것은 제가 남편과 저를 따로따로 생각해두고, 너의 재정 나의 재정을 나눠 생각했기 때문에 들었던 의아함이었습니다. 주님은 저희 부부를 하나로 부르셨습니다. 저는 부부라는 개념을 하나라기보다 각자의 주체로 생각했던 것입니다. 주님은 계속 친절하게 매일의 삶 속에서 재정의 쓰임을 통해 알려주셨는데, 제가 깨닫지 못하고 있었던 것이었습니다. 주님이 채우신 것은 나의 필요가 아니라 바로 가정의 필요였습니다. 그 통로가 아내의 머리인 남편일 뿐이었습니다.

재정이라는 것이 참 어려운 영역인 것 같습니다. 지혜를 구하는 것도, 올바로 사용하는 것도, 올바로 관리하는 것도 어렵습니다. 마음을 주님이 아니라 돈에 두는 상황이 비일비재합니다. 하지만 저의 이런 어리석음을 남편과 함께 나누면서 지혜를 얻게 하시는 것 같습니다. 혼자 결정하면 손해 보고 후회할 수 있었던 재정의 사용을 남편과 주님과 함께 상의하면서 다른 사람의 필요도 돌아볼 수 있고, 우리 가정의 필요도 채울 수 있었기 때문입니다.

저도 아직 아이들이 어리고 제가 돈을 벌 수 있는 시간이 많은 편이 아니기 때문에 늘 어떻게 해야 돈을 좀 더 벌 수 있을까 고민하는 시간이 많습니다. 제가 이런 이야기를 나눴더니 저는 그렇지 않을 것 같았다고 놀라던 제 친구가 기억이 납니다.

당장 하루, 한 달을 살아가는 제게 '돈'이라는 것은 정말 큰 믿음의 영역이라는 생각이 듭니다. 주변에 이야기하면서 내일이 없이 산다고 말하며 스스로 쓸쓸했던 적도 많습니다.

저보다 가장의 무게를 지고 있는 남편이 더하겠지만 자녀에게 채워줄 수 없을 때 참 제 스스로가 비루해 보이기도 하고 제가 할 수 없는 영역에 재정이 있는 것 같아 한없이 까마득해 보이기도 합니다. 아무리 궁리해도 답이 없는 생각들이 꼬리를 무는 것 같기도 합니다.

그러할 때 주님 앞에 엎드리면 재정을 해결하는 길을 열어주시는 것을 여러 번 경험합니다. 당장은 아니더라도 내가 생각한 그 타이밍이 아니더라도 그 절망의 순간 주님 앞에 엎드려 "주님 저는 정말 아무것도 아닙니다. 아무것도 아닙니다." 하고 고백하고 일어나면 내 생각을 내려놓고 주님의 지혜를 구하게 됩니다. 그러다 보면 피할 길을 내시는 것을 경험합니다. 평안을 주시고 지혜를 주십니다. 그런 일들을 반복해서 겪고 또 겪어도 동일한 씨름을 하게 됩니다.

그러면서 배우게 되는 것 같습니다. 주님이 아내의 머리를 남편으로 두신 이유를 말입니다. 내가 일해서 버는 것 같지만 사실 주님의 공급하심이 100%라는 것을 전적으로 믿는 것은 제 삶에 매일 있는 씨름입니다. 그 씨름에서 넘어질 때도 많지만 다시 일으키시는 것도 역시 주님이십니다. 그리고 이 씨름을 함께할 동역자이고 더 큰 짐을 지고 씨름을 해가는 남편을 이해하는 사람은 저이기에 제가 가장 남편을 지지하는 사람이 되어야 함을 느낍니다. 어렵지만 회피하지 않고 부딪히고 부딪히며 가정 안에서의 재정의 영역을 배워가는 중입니다.

여보, 사실 나도 많이 힘들어

남편의 이야기

저는 결혼하기 전까지 식당에서 메뉴판에 있는 가격을 보고 계산해 본 적이 없습니다. 아내 표현에 의하면 포크만 쓸 것 같은 부자집 도련님이라고 귀하게 자랐다고 하는데, 돌이켜 생각해보니 어릴 때의 가난 때문에 자식들을 부족함 없이 키우려고 하셨던 부모님 덕분인 것 같습니다. 제 아버지는 어렸을 때 가난했는데, 자신이 겪은 가난이 너무 싫어서 자녀가 '돈 때문에 걱정하고 살지 않게 하겠다!' 하는 마음으로 밤낮없이 몸도 상해가며 열심히 피땀 흘리며 돈을 벌었다고 하셨습니다. 그 때문에 저는 부족함을 잘 모르고 자녀됨을 누리면서 자랐던 것 같습니다.

어머니가 늘 말씀하시는 일화로, 제가 자전거를 탄 이래로 12개의 자전거를 해치웠다(?)고 하셨습니다. 자전거가 부서지고 망가질 때마다 다시 사주셨던 겁니다. 아내가 제게 부러운 것이 딱 하나 있는데, 그게 부잣집에서 자린 티가 팍팍 나는 그 마음의 '여유로움', '넉넉함'이라고 했습니다. 메뉴판의 메뉴만 보고 가격은 보지 않던 저이니까요. 어떤 일을 하려든지 간에 재정에 대한 계획은 하지만 그 재정에 대한 두려움은 없었던 것 같습니다. 눈치 보는 것도 없고, 그저 할 수 있겠다고 자신 있게 생각하고 살았던 것 같습니다.

그래서 한편으로는 지극히 현실을 잘 모르기도 했습니다. 결혼한 이후에도 필요한 물건을 사거나 장을 볼 때 가격표를 잘 보지 않고 샀습니다. 제가 참 회를 좋아합니다. 그 이유가 제가 중학생 정도 되었을까요, 아버지께서 참치횟집에서 식사하면 일주일에 세 번은 쪼르르 따라가서 함께 먹었던 기억이 있습니다. 저도 어른이 되니 회를 무척이나 좋아하는 제 모습을 보게 됩니다. 아내가 오죽하면, "남편 회 먹이려고 돈 법니다."라고 말하고 다닐 정도였습니다.

제가 목회의 길을 가고 또 공부하고 싶은 것들이 많았기에 부모님도 식당을 운영하면서 제 뒷바라지를 열심히 해

주셨습니다. 재정적인 후원도 열심히 해주셨습니다. 언제부터였는지 둘째가 태어나고 전임사역자로 살게 되면서 제게도 돈에 대한 스트레스가 서서히 밀려오기 시작했습니다. 어느 순간부터인가는 장을 볼 때 가격부터 보게 되고, 계산기를 두드리며 사고, 제가 사고 싶은 것이나 비싼 것은 내려놓게 됩니다.

어느 때는 아이들에게 더 좋은 것을 사주고 싶고, 원하는 것들을 얘기하면 흔쾌히 허락하고 싶은데 망설이게 됩니다. 첫째가 학교에 들어가면서 태권도, 미술학원, 피아노학원 등 배우고 싶다고 하는 것들도 배우게 해주고 싶지만 먼저 드는 마음은 '그래!'라는 거뜬한 마음이 아닌 '다음에 하자.'라는 주저하는 마음입니다. 그러면서 이런 게 가장이라는 무게인가 생각하게 되었습니다. 또 그 무게가 얼마나 무거운지, 어릴 때 마냥 든든하게만 느꼈던 아버지의 뒷모습을 떠올리게 됩니다.

어느 날, 그 달은 적자가 날 것이 뻔한 달이었습니다. 이 적자를 어떻게 해야 하는지 재정에 대한 이야기를 하다가 아내와 다툰 적이 있습니다. 돈에 대한 스트레스가 쌓이니

결혼 생활, 나만 힘들어?

제 마음이 좁아지고 그러니 대화가 부드럽게 되지 않았습니다. 아내는 그냥 이런저런 생각을 하며 식탁은 어쩌구, 학원은 어쩌구 하며 던진 말들이었는데 저는 그 모든 생각들이 현실이 될까 두려워서 날 선 말들로 그 시간에 의도하지 않게 서로를 공격하게 되었습니다. 그러면서 그때 늘 마음이 여유롭고 재정에 대한 두려움이 없었던 제가 아내 앞에서 눈물이 쏟으며 울었습니다. 그리고 아내에게 이렇게 이야기했습니다.

"여보, 사실 나도 많이 힘들어."

그때의 제 마음을 잘 돌아보니 재정에 대해 '염려'하는 마음이 생겼던 것 같습니다. 그리고 '이게 가장이라는 무게구나.' 하고 그 무게감이 마음에 많이 와 닿았던 것 같습니다. 아내도 그때 제가 갖는 재정에 대한 스트레스와 가장에 대한 무게가 무거움을 이해하려고 노력해주었고, 서로 어떻게 이 재정의 부담감을 함께 책임지고 이겨나갈지 많은 대화를 했습니다.

서로 대화하며 여러 대안들도 나왔습니다. 고정지출을 줄이는 방법, 가계의 재정의 규모도 다시 확인하고, 줄일 수 있는 소비의 영역도 체크하고…하지만 마냥 소비를 줄이는 것만이 해결책이 아니었습니다. 저희 부부는 재정에 대한 염려를 어떻게 해결했을까요? 저희 부부는 이 재정에 대한 마음을 주님께 올려드리고 그 무게를 함께 짊어지기로 했습니다. 그리고 재정의 영역에 대해 주님은 우리가 어떻게 하기 원하시는지 묻고 함께 기도하자고 하며 많은 대화를 나눴습니다.

먼저, '염려'하는 마음 내려놓기입니다. 저희 부부가 갖고 있는 재정에 대한 '염려'를 하나님께서 기뻐하시지 않는다는 깊은 깨달음이 있었습니다. 왜냐하면 예수님께서 '염려'하는 것을 죄와 같은 선상에 있다고 말씀하셨기 때문입니다(눅 21:34).

생각해보니 10년을 살면서 재정의 위기가 있었지만 단 한 번도 굶지 않고, 잘 먹고 잘살아왔다는 생각이 들었습니다. 그래서 재정에 대해 염려했던 부분들을 회개하고 부부가 함께 이 문제에 대해서 주님 앞에 우리가 어떤 태도를 가져야 하는지 물으며 기도하기 시작했습니다. 염려가 아니라 우리 가정이 하나님 나라를 위해 먼저 그의 나라와 의를 구하며 하루하루 성실하게 살아갈 때, 반드시 먹이시고 입히실 것을 믿는 그 믿음으로 나아가기로 결정했습니다. 그래서 시간이 허락하는 한, 시간을 정해 부부가 함께 말씀을 묵상하고 함께 나누면서 깊이 기도하는 시간을 지금도 가지고 있습니다.

둘째는 재정을 확장하는 것입니다. 저는 재정을 아끼는 것에만 초첨을 두었습니다. 왜냐하면 많은 과거의 선배 목사님들이 재정에 대해 정말 어렵게 살아오신 것을 보고 들어왔기 때문입니다. 그러나 아내와 함께 대화하면서 무조건 긴축하며 소비를 줄이는 것이 긍정적인 것은 아니라는 생각이 들었습니다. 오히려 재정을 계속 긴축하려고만 하면 쓰지 않는 것에만 집중해서 좁아진 마음으로 부부가 싸우고 가정의 분위기도 전체적으로 움츠러들 수 있기 때문에, 저희가 사역을 하면서 어떻게 재정을 확장할 수 있을지 함께 고민하고 해결방안을 찾기로 하였습니다. 쓸데없는 지출을 줄이고 우리 배를 불리는 것이 아닌, 하나님의 나라를 위해 쓰여야 할 재정이 쓰일 수 있게, 그리고 하루하루 주어진 삶을 성실하게 살아갈 수 있게, 그렇게 저희를 단련하기 시작했습니다. 아내는 온라인 쇼핑 목록을 확인하고 저와 상의하기 시작했고, 저는 장을 볼 때 필요한 목록을 적고 계산기를 두드리며 장보는 기술을 터득해갔습니다. 그리고 부부가 함께 기도하면서 해결방안들을 찾아가보니 저희가 생각했던 것보다 훨씬 빠르고 쉽게 해결될 수 있었습니다. 정말 공급자가 하나님이시고 우리가 청지기라는 마음을 매일 단련하는 것, 그리고 재정을 부부 중에 누구 하나만 짊어지고 싸우는 것이 아니라 함께 짐을 짊어지고 대화하며 적극적으로 기도하고 해결방안을 찾아간다면 하나님께서 반드시 가정을 먹이시고 채우시리라 저는 확신합니다.

복음적인 부자가 되기를

성경에서 배우기

2021년 '가정경영연구소'에서 기혼남녀 1,500명을 대상으로 설문조사를 했습니다. 부부싸움의 원인 1위는 단연 '성격 차이'였고, 그다음으로 가장 많이 싸우는 것이 공동 2위로 돈(14.8%)과 자녀(14.8%)의 문제였습니다.

30대와 50대는 돈으로 가장 많이 싸웠고, 40대와 60대는 자녀의 문제로 가장 많이 싸웠습니다. 특별히 결혼 생활 중에 '돈'으로 싸우는 것이 무려 5.9년, 약 6년을 돈의 문제로 부부가 싸운다는 통계가 나왔습니다. 그만큼 돈은 가정 생활에 큰 어려움을 줍니다.

한 목사님이 계십니다. 그의 부모님도 개척교회를 하셨습니다. 어렸을 때 부모님이 그렇게 싸웠는데 이유는 돈에 대한 문제 때문에 싸우셨다고 합니다. 이 목사님이 시간이 흘러 생각해보니, 돈에 대한 염려로 부모님이 싸우셨지만 그 싸움이 해결을 해주지는 않았고 오히려 자녀였던 목사님 자신의 마음에 상처만 남고 결국 어떻게든 다 먹고살게 되더랍니다.

지금 부부들에게도 돈의 문제는 참 쉽지 않습니다. 1988년도 조사에 따르면 신혼부부가 8년 동안 열심히 일을 하면 서울에 집을 살 수 있었다고 합니다. 그러나 지금 30-40대 부부들은 평생 돈을 벌어도 집을 살 수 없는 시대가 되었습니다. 그래서 젊은 부부들이 현실을 보고 더 절망하는 것 같습니다. 성경은 우리에게 재정에 대해서 뭐라고 말할까요?

그러므로 염려하여 이르기를 무엇을 먹을까 무엇을 마실까 무엇을 입을까 하지 말라_ 마 6:31

예수님은 우리에게 무엇을 먹을까 무엇을 마실까 무엇을 입을까? 즉, 먹고사는 것의 문제를 "염려하지 말라."라고 말씀합니다. '염려'라는 단어의 뜻은 '나누어지다, 분열

결혼 생활, 나만 힘들어?

되다'입니다. 즉, 염려는 하나님을 향한 믿음이 나누어지고, 믿음이 분열되는 마음의 상태를 이야기합니다. 그래서 믿음의 반대말은 '믿음 없음'이 아니라 바로 '염려'입니다. 먹고사는 것에 대해 염려한다는 것은, 하나님께서 우리를 먹이고 입히실 것을 신뢰하지 못하는 것입니다.

염려를 가볍게 생각하는 경우가 있습니다. 그러나 염려가 계속되면 부부의 얼굴에 표정이 사라지고, 삶의 기쁨이 사라집니다. 그리고 행복을 누리며 살지 못합니다. 마치 '물이 가득 든 컵을 들고 있는 것'을 가볍게 생각하고 시작할 수 있지만, 그 컵을 1시간, 10시간, 하루, 일주일 동안 들고 있으면 그 사람의 팔은 아파오고 저려오고 결국 큰 문제가 생겨서 병원에 가야 할 지경이 되는 것처럼 말입니다.

그래서 예수님은 염려가 분명한 죄라고 말씀하신 것입니다.

> 너희는 스스로 조심하라 그렇지 않으면 방탕함과 술 취함과 생활의 염려로 마음이 둔하여지고 뜻밖에 그 날이 덫과 같이 너희에게 임하리라_눅 21:34

염려는 방탕함, 술 취함과 동일하게 죄의 덫과 같은 것입니다. 예수님은 특별히 하나님을 향한 믿음과 돈에 대한 염려를 부자 관계와 영적 고아의 상태로 설명하십니다.

> 이는 다 이방인들이 구하는 것이라 너희 하늘 아버지께서 이 모든 것이 너희에게 있어야 할 줄을 아시느니라_마 6:32

예수님은 아버지와 아들의 관계를 설명하십니다. 즉, 아버지는 우리의 모든 필요를 다 아시고 먹이신다는 겁니다 (마 6:26, 32). 한번 우리의 감정을 다 빼고 이성적으로만 고아와 자녀를 생각해보겠습니까?

고아가 나이가 차면 고아원에서 나와 독립을 하게 됩니다. 국가는 고아에게 어느 정도의 돈을 지급합니다. 고아는 어쩔 수 없이 오직 그 돈만을 간절히 붙잡고 살아갑니다. 그러나 실제로 고아는 사기를 당하는 경우도 있고, 금방 돈을 탕진하여 범죄에 빠지는 경우도 있습니다.

반대로 자녀를 생각해보겠습니까? 저는 제 자녀들이 살아가면서 한번도 '내가 내일 아침에 일어나서 과연 밥을 먹을 수 있을까?'라고 걱정하는 것을 본 적이 없습니다. 왜 그렇습니까? 아빠와 엄마가 있기 때문입니다. 예수님이 바로 이 영적인 고아와 부자의 관계를 설명하시는 겁니다. 우리 가 돈에 대해서 염려하고 있다면, 마치 영적인 고아와 같은 상태라는 것입니다. 우리의 주인이 '돈'이 될 때 우리는 영 적 고아처럼 살아갈 수 밖에 없는 것입니다.

우리가 현재 돈에 대해서 염려하지 않는다면, 부자 관계 곧 하나님과 자녀 된 관계를 바르게 누리고 있다는 증거입 니다. 그래서 하나님과 친밀한 관계를 가장 우선순위에 두 고 사는 사람이 정말 지혜로운 사람인 것입니다.

안타깝게 제게도 돈에 대한 염려가 있습니다. 마치 영적 고아와 같이 하나님을 신뢰하지 못하고 끊임없이 돈에 대 해 스트레스를 받고 걱정하고 염려할 때가 있습니다. 그때 는 어김없이 하나님과의 바른 관계가 이루어지지 않을 때 입니다. 물론 여기서 오해하지 말아야 할 것은 하나님 아버 지가 있으니 우리가 '아무렇게나 살아도 돼!' 하는 낙천주 의로 빠져도 된다는 것이 절대 아닙니다.

예수님은 새들과 들꽃의 비유를 들면서 제자들이 "훨씬 더 귀하다!"라고 말씀하십니다(마 6:26-30). 이것은 무슨 뜻입니까? "일하지도 않는 새와 들꽃도 먹이신다. 하물며 '열심히 땀 흘려 일하는' 너희를 더 아끼신다. 그러므로 하나님께서 우리의 상태를 다 아시고 반드시 먹이신다. 그러므로 영적인 고아처럼 염려하고 걱정하지 말라."라는 말입니다.

팀 켈러는 잠언 26장을 근거로 '부'(富)에 대해서 말합니다. 부에는 3가지 조건이 있는데, 첫째는 '고된 수고'입니다. 단순히 수고하는 것이 아니라 자신의 분야에서 능숙하고 노련하며, 장인정신이 있는 것입니다. 마치 설교자는 설교에 대한 씨름이 있고, 설교의 사역을 잘 감당하는 것이 중요한 것처럼 말입니다. 사업가는 자신의 사업을 잘해야 하고, 교사는 학생들에게 학업을 잘 가르치며, 요리사는 음식을 맛있게 요리해야 하는 겁니다. 즉, 자신의 분야에서 전문가가 되야한다는 것입니다.

둘째는 '정직한 노동'입니다. 사업을 할 때 속임수로 한다면 그 결과는 하나님께서 궁극적으로 궁핍하게 하십니다.

셋째는 '냉철한 현실성'입니다. 잠언은 '미련한 자를 고

용'하면 재앙이 따른다고 말합니다(잠 26:10). 교회에서 부교역자를 고용할 때도 추천서 한 장만 믿고 고용했을 때, 그가 신실한 목회자가 아니라면 교회 전체에 재앙이 임합니다. 회사도, 가게도 동일합니다. 그래서 사람을 뽑을 때 냉철한 현실성이 필요합니다.

미국의 한 고아가 자수성가를 해서 큰 부자가 되었습니다. 어느 날 고아원 친구가 완전히 폐인이 돼서 큰 부자가 된 친구를 찾아왔습니다. 부자가 된 친구는 그를 따뜻하게 맞아줬습니다. 폐인이 된 친구가 물었습니다. "내가 어떻게 해야 당신처럼 부자가 될 수 있습니까?" 부자가 된 친구는 이렇게 대답했습니다. "제게 방법이 있습니다. 세 가지 실천을 하면 반드시 부자가 됩니다. 당신은 이것을 정말로 실천해 보겠습니까?" 친구는 그렇게 하겠다고 대답합니다. 그러면서 부자가 된 친구는 세 가지를 이야기합니다. 만약 세 가지를 실천했는데도 부자가 안 되면, 자신의 전 재산의 반을 주겠다고 약속합니다.

첫째는, 하나님을 잘 섬기라는 것입니다. 주일성수와 십일조 그리고 신앙생활을 하면서 하나님께 반드시 순종하라는 것입니다. 둘째는, 어디서 무엇을 하든지 환경과 조건을 따지지 말고 최선을 다해 성실하게 일하라는 것입니다. 마지막은, 누구를 대하든이 친절하게 '미소'를 띄우라는 것입니다.

만약 이렇게 살았는데도 부자가 안 된다면 자신의 전 재산의 반을 주겠다고 약속합니다. 폐인이 되었던 친구가 생각해보니 자신은 '이미' 부자가 되어 있었습니다. 왜냐하면 자신은 이 세 가지를 반드시 실천할 것이고, 만약 실천했는데도 부자가 되지 않는다면 친구의 전 재산의 반을 자신이 갖기 때문입니다.

자수성가로 부자가 된 친구의 말은 모두 잠언 26장의 내용과 같습니다. 그러나 한 걸음 더 나아가 조심해야 하는 것이 있습니다. "나는 왜 부자가 되고 싶은가?"라는 질문입니다. 돈 자체는 악한 것입니까, 선한 것입니까? 돈은 악한 것도 선한 것도 아닙니다. 이것을 'Thing'(세상의 것)이라고 이야기합니다. 돈을 선하게 쓰면 아름답게 쓰입니다. 재정을 통해 선교하고 구제하고 어려운 사람을 도우며 가정이 안전하게 보호받을 수 있고 행복을 누릴 수 있습니다.

그러나 돈을 악하게 쓰면 사람을 죽일 수도 있는 악한 힘이 있습니다. 즉, 돈을 대하는 사람의 '마음'의 상태가 중요합니다.

마태복음 6:25-34은 재정이 없을 때, 즉 재정에 대한 '염려'에 대해서 말씀합니다. 그리고 위의 단락 마태복음 6:19-23은 재정이 있을 때, 곧 '탐심'에 대해서 말씀합니다. 즉, 돈을 사랑할 때 그것은 우상숭배가 됩니다(골 3:5).

한 개의 방에서 남녀 커플이 50일 동안 버티면 70억을 주는 영화가 있었습니다. 핸드폰도 TV도 없고, 화장실이 딸린 방에 음식만 제공됩니다. 우리도 할 만하겠다는 생각이 들지 않습니까? 그런데 영화는 총을 쏘아 상대방을 죽이려고 하는 장면까지 나옵니다.

왜 그렇습니까? 돈이 신이 되어 버렸기 때문입니다. 잠언 13:11에 "망령되이 얻은 재물"이라는 말씀이 있습니다. 히브리어를 직역하면 '난데없이 생겨난 돈'입니다. 즉, 재물을 서서히 모은 게 아니라 갑자기 부자가 된 겁니다.

그러나 잠언은 재물을 천천히 모을 것을 권장합니다. 왜 그럴까요? 재물을 모을 때 재물만 모이는 것이 아니라 고난을 통해 사람의 성품과 그릇도 성장하기 때문입니다. 그러나 갑자기 부자가 된 사람들의 특징은 고난을 통해 성장한 것이 없기 때문에 눈이 멀어 오히려 인생이 망하는 경우가 많습니다.

교회를 개척했는데 갑자기 백 명, 천 명, 만 명이 몰려온다고 생각해보십시오. 목회자의 성품과 그릇이 준비되지 않았는데, 갑자기 난데없이 몰려온다면 목회자는 바로 교만해질 겁니다. '와, 내가 목회를 잘하는구나. 내가 능력 있는 목사구나.'라고 생각하면서 교회의 주인이 목사가 될 것입니다. 시작은 순수했으나 끝은 변질되고 타락하기 쉬워질 것입니다.

2003년도에 복권당첨금액 242억에 당첨된 한 사람이 있었습니다. 세금을 빼고 189억 원을 수령했습니다. 당첨자는 이것으로 첫 번째 30억 원의 주상복합 아파트를 구입합니다. 둘째 병원설립 투자금으로 45억 원을 투자합니다. 그리고 89억 원을 주식에 투자합니다. 그런데 2008년 글로벌 금융위기로 주식이 휴지 조각이 됩니다. 그러자 아파트를 담보로 돈을 빌려서 또다시 주식에 투자합니다. 결국 갑자기 난데없이 생긴 189억 원이 어떻게 된 줄 아십니까? 1억 3천만 원의 빚만 남았습니다.

이것이 바로 갑자기, 난데없이 돈이 생길 때 자신의 삶을 다 삼켜버린다는 증거입니다(잠 21:20). 돈이 하나님이 되어 버릴 때 자신의 인생을 바닥으로 가게 만듭니다. 이것은 '돈'이 자신의 하나님이 된 경우입니다.

반대로 좋은 경우도 있습니다. 미국의 유명한 척 스미스(Chuck Smith) 목사님의 이야기입니다. 교회를 개척하고 예배당을 마련하고 싶었지만 개척교회이기에 쉽지 않았습니다. 그러다가 주변에 꼭 소유하고 싶은 땅이 매물로 나왔는데, 어느 부자가 목사님에게 와서 자기가 100만 불을 헌금할테니 매매 계약을 하라고 제안합니다. 척 스미스 목사님은 어떻게 하셨을까요? 생각해보니 땅을 보기는 했지만 기도하지 않았다는 생각이 들었습니다. 그래서 "기도하고 말씀드리겠습니다."라고 답했습니다. 그런데 기도할 때 하나님께서 목사님의 마음에 하지 말아야 한다는 마음을 계속 주시는 겁니다.

목사님의 마음에 평안이 없고, 돈을 의지하는 마음이 있었습니다. 그래서 목사님은 부자의 제안을 거절합니다. 척 스미스 목사님의 마음이 이해가 가십니까? 만약 100만 불을 받고 예배당을 지었다면 굉장히 크고 멋진 예배당을 지었을지 모릅니다. 큰 예배당 덕분에 사람들도 몰려들었을지 모릅니다. 그러나 그 교회의 주인은 누가 되겠습니까? 그 부자가 될 겁니다. 그리고 부자는 만약 척 스미스 목사님이 자신의 뜻대로 목회를 하지 않는다면 마음에 들지 않는다는 이유로 결국 목회자를 쫓아낼 수도 있을 겁니다.

실제로 한국에서도 그렇게 쫓겨난 목회자를 본 적이 있습니다. 사람의 탐심이라는 마음에 사탄 원수가 틈타는 것입니다. 그러나 척 스미스 목사님은 돈을 주인 삼지 않고, 하나님을 주인으로 모시고 하나님께 묻고 순종한 겁니다. 이것이 돈에 대한 탐심과 염려를 해결하는 열쇠입니다.

저도 돈에 대한 '탐심'이 튀어나올 때가 있습니다. 절제하지 못하고 돈을 쓸 때도 있고, 또 어디 집회나 강사로 가면서 저희 가정 재정이 부족할 때면 '얼마를 줄까?'라는 생각이 들 때가 있습니다. 하나님의 나라를 구하기보다 재정에 더 눈이 갈 때가 있습니다.

저에게 이렇게 부끄러운 모습, 재정에 대해 염려하고 동시에 탐심을 갖는 죄악된 모습이 있습니다. 예수님은 돈에 대한 스트레스의 문제를 어떻게 해결해 주실까요?

> 그런즉 너희는 먼저 그의 나라와 그의 의를 구하라 그리하면 이 모든 것을 너희에게 더하시리라_마 6:33

여기서 '먼저' 구하라는 것은 단순한 우선순위를 의미하지 않습니다. 여기서 '먼저' 구하라는 것은 '절대적 의미, 무조건적 첫 번째'를 의미합니다. 즉, 하나님의 나라와 의를 구하는 것이 가장 중요한 열쇠라는 것입니다.

그렇다면 '그의 나라'는 무엇입니까? 헬라어로 '바실레이아'(βασιλεία), 영어로 번역하면 'Kingdom of God' 즉, 하나님의 나라입니다. 여기서 핵심 키워드는 'King'(왕)입니다. 마태복음의 권위자이신 양용의 교수님은 마태복음 6:33을 이렇게 해석합니다.

> '왕적 통치를 받는 결과 곧 하나님께 순종하는 것이다.'

즉, 그의 나라와 그의 의를 구하는 것은 '왕께 순종하는 것'을 의미합니다. 마치 척 스미스 목사님이 100만 불의 돈을 받아야 할지 주님께 묻고 정말로 왕께 순종한 것처럼 말입니다.

예수님은 한 사람이 돈과 하나님, 곧 두 주인을 섬기지 못한다고 말씀합니다(마 6:24). 마치 한 하늘 아래 두 개의 태양이 있을 수 없듯이 왕이 두 명일 수는 없다는 것입니다. 예수님만이 절대적인 왕, 절대적인 주가 되어야 한다는 것입니다. 그때 우리의 필요를 다 아시고 반드시 채우신다는 것입니다. 마태복음 6:33에 "너희에게 더하시리라."라는 말씀은 '신적 수동형'입니다. 즉, 하나님께서 '반드시' 채우신다는 것입니다. 이것을 믿는 것이 중요합니다.

어렸을 때 아버지와 함께 저와 남동생이 스키장에 간 적이 있습니다. 내려오는데 30~40분이 걸리는 굉장히 긴 코스로 스키를 타고 내려오는데 갑자기 동생이 사라졌습니다. 아버지가 놀라서 급하게 다시 올라가면서 동생을 찾았습니다. 나중에 아버지께 들으니 스키장의 한쪽 끝 낭떠러지에 동생이 떨어졌는데, 큰 나무가 있어서 살았다는 겁니다. 옷이 걸려서 살았으니 망정이지 낭떠러지를 보니 사람이 죽을 수도 있는 높이였습니다.

여러분 한번 상상해보겠습니까? 그 낭떠러지에 자신이 떨어지고 있다고 합시다. 그런데 절벽 중간에 큰 나무 하나가 뻗어 있습니다. 그 나뭇가지가 얼마나 강한지는 알 수 없지만 그 가지를 잡고 살아남기 위해서는 우리에게 얼마나 큰 믿음이 필요할까요? 믿음은 이 가지를 잡을 만큼의 힘만 있으면 충분합니다. 제가 무엇을 말하는 겁니까? 우리를 구원해주는 것은 믿음이 얼마큼 크냐 작냐가 아니라 무엇을 믿느냐는 것입니다.

우리가 믿는 대상이 '돈'이라는 부러지는 가지라면 우리가 아무리 강하게 돈을 붙잡더라도 돈은 부러지고 우리는 반드시 죽을 것입니다. 이것이 맘몬의 신을 붙잡고 살아가는 겁니다. 그래서 '재물'이라는 헬라어 '마모나스' (μαμμωνᾶς)에서 맘몬이 나온 겁니다. 그 의미는 '믿다, 신뢰하다'라는 의미입니다. 즉, 돈을 믿을 때 결국 그 가지는 부러지고 그 끝은 사망이라는 것입니다.

그런데 우리가 예수님이라는 가지(렘 33:15), 절대 꺾이

지도 부러지지도 않는 예수님이라는 가지를 우리의 진정한 '왕', 우리의 진짜 '주인'으로 붙잡고 산다면 그 재정과 필요는 하나님 아버지께서 다 아시고 채우시고 입히시며 '반드시' 먹이신다는 것입니다(마 6:33).

저는 신대원 때도 주식을 24시간 바라보는 전도사님을 보았습니다. 제가 공부하다가 졸리면 잠을 쫓으려고 뒤에 서서 공부를 했는데, 그분은 계속해서 주식을 보고 계셨습니다. 돈을 24시간 바라볼 때 염려와 탐심으로 우리의 마음은 갈라지고 무너집니다. 그리고 그 끝은 가지가 부러져 결국 사망하게 됩니다. 돈이라는 맘몬은 가짜 신, 우상이기 때문입니다. 그러나 예수님을 24시간 바라볼 때 우리의 마음속 염려와 탐심은 사라지고 예수님이 진정한 우리의 왕, 주인이 되어 주실 것입니다(히 12:2).

돈, 그 말할 수 없는 스트레스로부터 우리는 어떻게 승리할 수 있습니까? 돈이 왕이 아니라, 돈이 내 삶의 주인이 아니라 예수님을 왕으로 모시는 겁니다. 돈을 왕으로 모셨을 때는 자녀들이 부모로부터 돈에 염려하고 싸우는 것을 보고 '상처'만 입습니다. 그러나 예수님을 왕으로 모실 때 염려와 탐심으로부터 승리합니다.

그뿐만 아니라 현실의 문제도 하나님께서 "내가 안다."라고 말씀하시며 우리의 필요를 반드시 채우십니다. 마치 앞에서 언급한 개척교회 목사님과 사모님이 재정에 대해 염려하고 싸우셨지만 결국 하나님께서 다 먹이시고 입히신 것처럼 말입니다.

유기성 목사님의 아내 박리부가 사모님은 일상생활 속에서도 주님께 늘 묻고 기도하신다고 합니다. '주님, 오늘 이것을 구입할까요? 주님, 오늘 식사는 어떻게 할까요? 주님, 이것을 해도 될까요?' 그렇게 주님께 물을 때 아무 응답이 없는 순간도 있지만, 주님이 오늘은 교회에 가서 식사를 하라는 마음을 주시면 순종해서 교회에서 식사를 하십니다. 그럴 때면 꼭 만나야 하는 성도, 꼭 심방해야 하는 성도, 어려움에 좌절하는 성도를 만나 상담하고 이야기하고 기도해주는 시간들이 있다는 것입니다.

우리에게 자유의지가 있는데 이렇게 사소한 것까지 다 하나님께 물어야 할까요? 자유의지로 주님께 묻지 않고 선택한 것이 선악과를 따 먹는 것이었습니다. 우리가 사소한 것도 주님께 묻는 훈련이 될 때, 정말 크고 중요한 것을 주님께 묻고 바르게 듣고 분별하며 순종할 수 있는 것입니다. 사소하다고 주님께 묻는 훈련이 되지 않았을 때, 정작 정말 중요한 순간 주님께 묻지 않고, 듣지도 않고, 마음대로 결정해서 어려움에 처한 수많은 성도들을 봅니다. 우리는 말로만 예수님을 왕으로 고백하는 것이 아니라 정말 삶으로 예수님을 나의 왕, 나의 주인으로 모시기를 원합니다.

주님은 '염려'에 대해
뭐라고 말씀하시나요? (눅 21:34)

부부가 함께 하나님을 기쁘시게 하는
재정 사용이 어떤 것인지 나눠보세요.

에필로그

"우리 가정에는 예수님이 필요해요"

이 책을 통해 전하고 싶은 메시지는 단 하나입니다.

"부부가 가정에서 정말 예수님을 바라보자!"

부부의 갈등과 문제 그리고 어려움이 생겼다면 그것은 근본적으로 부부가 예수님을 바라보고 있지 않기 때문입니다. 그래서 이 책은 결혼을 꿈꾸는 청년들이 그리고 부부가 함께 읽고 이야기를 나눴으면 좋겠습니다.

그렇다면 "어떻게 가정에서 예수님을 바라볼 수 있는 가?"를 고민하고 질문해야 합니다. '예수님과 동행'이라는 막연한 지식은 성도라면 누구나 알고 있습니다. 그러나 지식으로 아는 것과 주님이 우리 가정에 함께하심을 실제로 믿는 것은 하늘과 땅 차이입니다.

한 여성도님은 예배를 통해서는 하나님의 은혜를 경험했지만, 현실은 날마다 어린 자녀들과 전쟁하는 삶이었습니다. 주님이 가정에 분명히 함께하심을 믿었는데 아이들과 씨름을 하다 보면 금방 예수님을 잊어버린다는 겁니다. 그리고 어느 순간에는 자녀들에게 화를 내는 자신의 모습까지 발견하고 깜짝 놀랍니다. '내가 예수님과 동행한다고 말할 수 있는가?' 그러다가 어느 날 아이들과 전쟁 끝에 혼을 내는데, 그 순간 자신 뒤에 누군가 서 있음을 느꼈습니다.

'예수님'이셨습니다.

온몸에 소름이 돋았고, 아이들에게 진심으로 사과하며 회개하게 되었습니다. 그 여성도님은 가정에서 예수님을 바라보는 믿음의 눈이 조금씩 열리기 시작했습니다. 중요한 것은 "정말 1초라도 예수님을 바라보기 원하는 간절한 '갈망'이 우리에게 있는가?"입니다. 하나님께서 우리의 믿음의 눈을 열어주시기를 간절히 구합니다. 그리고 가정에서 부부가 그리고 아이들이 모두 함께 예수 그리스도를 선명하게 바라보기를 축복합니다.

　이 책을 통해 고통스러워하는 가정에 성령의 손길이 깃든다면 그것으로 충분합니다.